DONNE CHE INNOVANO

Progetto grafico di
Cristiano Sammarco

Impaginazione di
Waqas Syed

Dedicato a tutte le persone che coltivano un sogno.

INDICE

PREFAZIONE

JANE OF ALL TRADES

Con grande piacere ho letto le 20 storie di queste incredibili imprenditrici. Non mi hanno colpita solamente le grandi idee di cambiamento e progresso e il modo di fare impresa, ma anche come loro siano riuscite a realizzare tutto ciò. Quasi tutte sono delle scienziate e in gran parte accademiche, e sono state capaci di valorizzare la loro innovazione e avviare un'impresa. Le loro storie ispireranno di certo altri imprenditori e imprenditrici, indipendentemente dall'età, dalla professione, dal background o dal sesso. Le innovatrici presenti in questo libro mostrano che è arrivato il momento di riconoscere il loro valore come creatrici di cambiamento globale.

Leggendo questo libro, si viene immediatamente assorbiti dalle storie. Come hanno trasformato un'idea per migliorare le nostre vite, con una chiara visione e ambizione, in un'impresa reale e possibile. Per giungervi si attraversa una strada accidentata; è necessario essere una "Jane of all trades" per superare tutti gli ostacoli e le sfide. Le protagoniste di questo libro condividono alcune qualità, tra cui una forte passione e dedizione, un'energia apparentemente infinita, costante curiosità, grandi riserve di perseveranza e l'audacia e il desiderio di rendere questo mondo un posto migliore. Così, queste venti imprenditrici – e molte altre nel mondo – non sono solo sognatrici e visionarie, sono vere innovatrici, imprenditrici e generatrici di cambiamento sociale.

Attraverso questa pubblicazione, concediamo loro un luogo adatto dove ottenere maggiore visibilità. Meritano questo palcoscenico, per servire da modello ai nascenti imprenditori e per quelli più esperti. In Europa, i media, le università e gli eventi legati al mondo del business sono ancora dominati dagli uomini e, come innovatrice, non è facile essere ascoltata e vista come un'imprenditrice di successo. Proprio per l'impatto economico, sociale ed ecologico che le imprenditrici di tutto il mondo forniscono, dovremmo invece incoraggiarle a superare i loro ostacoli interiori, offrendo più apprezzamento e sostegno.

Spero che, come me, verrete ispirati da queste donne che rappresentano qualcosa di più grande. Rappresentano le generazioni precedenti di imprenditrici che hanno lottato per essere prese sul serio, per ottenere visibilità e riconoscimento.

E aprono la strada alla prossima generazione di donne che ancora non conosciamo, ma che speriamo avranno le stesse opportunità rispetto alla controparte maschile di soddisfare le proprie ambizioni e realizzare i loro sogni. Per me, queste straordinarie innovatrici rappresentano il punto di svolta nel percorso verso la parità di genere nell'imprenditoria e nella scienza. Nel 2030 guarderemo indietro a queste storie e ci renderemo conto che queste "Jane" sono state le donne che hanno contribuito a plasmare il nostro futuro. Hanno avuto il coraggio di combattere difficili sfide globali, non per il loro benessere, ma per il benessere di tutte le creature della terra, e quindi anche per te. Le loro lotte hanno aperto la strada alle donne imprenditrici che le hanno seguite. E i loro sogni hanno ispirato tutti noi a sognare più in grande.

Prof. dr. Josette Dijkhuizen
Professore onorario di sviluppo dell'imprenditorialità, (Maastricht School of Management, Paesi Bassi) | Imprenditrice | Fondatrice di De Zakencoach, Ondernemerschap in Bedrijf, Stichting Krachtbedrijf, Women4Women.

INTRODUZIONE

Il desiderio di scrivere questo libro è nato nell'estate del 2020, in piena pandemia, mentre i governi nazionali, con le chiusure intermittenti delle frontiere, scoraggiavano la pianificazione di vacanze all'estero. È stata un'estate strana, in un anno cupo che sicuramente ricorderemo per tutta la vita e che io ricorderò ancora di più, per ragioni personali.

Quell'estate c'erano un clima di attesa e incertezza, una grande solitudine e la volontà di dimenticare l'inverno con le sue tragiche morti. Sono emozioni che dentro di me hanno lavorato silenziosamente, maturando nelle settimane il bisogno di guardare altrove e parlare di qualcosa di bello.

Quasi per caso ho scoperto che ogni anno in Europa delle imprenditrici vengono premiate per le loro innovazioni. Ho scritto una e-mail ad alcune finaliste del premio, comunicando il mio desiderio di intervistarle e scoprire meglio a cosa stessero lavorando. La loro risposta è stata immediata ed entusiasta. "Se è così, mi toccherà scrivere un libro!" Mi sono detta. Avrei voluto incontrarle di persona. Il COVID-19 me lo ha impedito. La tecnologia ci ha permesso di superare anche questo ostacolo e conoscerci. Il progetto si è ingrandito fino a includere venti imprenditrici e scienziate che vivono e lavorano in Israele, Turchia, Svezia, Norvegia, Spagna, Austria, Germania, Lituania, nei Paesi Bassi e Italia.

A tutte ho posto le stesse domande iniziali, approfondendo poi i punti dove vedevo emergere un'emozione.

Raccontare le loro storie è stato per me un enorme regalo e ogni donna che ho conosciuto è un esempio innanzitutto di libertà. A colpirmi infatti è stata la straordinaria varietà nei racconti e ho cercato di porre in luce soprattutto le differenze: nel carattere, nei percorsi e nella formazione.

Volevo mostrare un mondo che non si fonda sulle regole, ma sulle aspirazioni personali. L'individualità non diventa però individualismo e al contrario alcune tematiche comuni percorrono questo libro sollevando riflessioni sulla rappresentanza femminile, i nuovi modi di fare impresa, la responsabilità sociale e il significato che oggi assume la parola innovazione.

Spero che ogni lettrice e lettore troverà un frammento in cui riconoscersi, qualcosa da scoprire e nuovi spunti da portare con sé lungo la strada. Godetevi il viaggio.

GALIT
ZUCKERMAN-STARK

MEDASENSE BIOMETRICS

DICE DI SÉ

«Cerco sempre una strada più difficile di quel che dovrebbe essere».

COSA LA MOTIVA OGNI GIORNO

«Il pensiero che sul tavolo operatorio potrebbe esserci un parente, un amico, qualcuno della mia famiglia. La mia motivazione è sapere che sto realmente aiutando le persone».

DA DOVE NASCE L'IDEA

Galit Zuckerman-Stark, ingegnere elettronico e informatico, è la CEO e fondatrice di Medasense Biometrics, un'azienda israeliana che produce e commercializza schermi e tecnologia per ottimizzare la terapia del dolore.

L'interesse di Galit, all'epoca ingegnere presso una multinazionale dell'high-tech ma senza nessuna esperienza in ambito medico, viene inizialmente sollecitato dal racconto di un amico. «Nel mezzo dell'intervento in sala operatoria all'improvviso si era svegliato. Poteva sentire tutto, un dolore fortissimo che non riusciva però a comunicare in nessun modo, essendo completamente paralizzato».
Galit è fortemente colpita da questo avvenimento, possibile seppur estremamente raro, e così decide di approfondire l'argomento chiedendo a sua madre, allora infermiera di sala in una clinica privata. «Andai da lei e le dissi: 'mamma, mi spieghi un po' questa cosa? Cosa succede lì dentro?' Mia madre allora mi mise in contatto con clinici e medici; io ponevo loro domande su qualcosa che non conoscevo e loro erano felici di aiutare, forse anche perché provenivo da un ambito del tutto diverso, avevo conoscenze e un punto di vista complementari; per me ha rappresentato l'opportunità di mettere davvero ciò che sapevo al servizio delle persone». Comincia così lo studio di un mondo, quello del dolore, fortemente influenzato da condizionamenti sociali e culturali e perciò difficilmente quantificabile da un punto di vista fisiologico.

> *Mia madre allora mi mise in contatto con clinici e medici; io ponevo loro domande su qualcosa che non conoscevo e loro erano felici di aiutare, forse anche perché provenivo da un ambito del tutto diverso, avevo conoscenze e un punto di vista complementari.*

NEL MEZZO DELL'**INTERVENTO** IN SALA OPERATORIA ALL'IMPROVVISO SI ERA **SVEGLIATO**. POTEVA SENTIRE TUTTO, UN **DOLORE FORTISSIMO** CHE NON RIUSCIVA PERÒ A **COMUNICARE**.

L'ESPERIENZA DEL DOLORE

Il dolore ha per definizione la qualità di una sofferenza soggettiva, sia questa sul piano fisico o psicologico. La percezione del dolore fisico è legata alla trasmissione di un segnale che, partendo dai recettori periferici, percorre la rete neurale attraverso la spina dorsale fino al cervello. Qui viene infine elaborato e interpretato in modo complesso, con una forte dipendenza dalle componenti sensitive, affettive e cognitive. Del dolore psichico è forse ancora più difficile parlare, proprio perché questo si origina, svolge e manifesta all'interno della nostra mente. Matrice comune a entrambi sono lo stretto legame con uno stato di consapevolezza e la forte connotazione soggettiva.

Dal dolore tendiamo naturalmente a proteggerci a seconda del luogo dove questo si localizza e dalla forma in cui si manifesta. Quando è così elevato da diventare insopportabile, il cervello disconnette mandandoci in blackout, anestetizzandoci e perfino privandoci dei sensi pur di permettere la nostra sopravvivenza (basta leggere un po' di letteratura sulle torture antiche e contemporanee per farsene un'idea e, per l'al-tra faccia della medaglia, guardare a tutti i disturbi psichici dissociativi).

Possiamo anche abituarci progressivamente al dolore, come uno scalatore che allena il suo corpo alla sopportazione di condizioni estreme, e possiamo mettere a rischio la nostra vita avendo attutito i campanelli d'allarme.

Se ci sembra una nozione così sfuggente e relativa, occorre a questo punto scendere ancora più in profondità e soffermarsi su una distinzione importante: il dolore è legato alla sensazione di sofferenza, ma, anche se la percezione è soggettiva, da un punto di vista medico si può, e si deve, ricercare modi e strumenti per una quantificazione oggettiva.

Come spiega Galit, «l'intensità del dolore viene generalmente valutata qualitativamente, domandando al paziente come sta, e questo rappresenta un problema sociale, economico e medico. Come si può gestire in modo efficace qualcosa che non si sa quantificare?» Anche se l'obiettivo ultimo è pur sempre l'eliminazione della sofferenza, occorre separare la concezione sociologica e culturale da quella che è la risposta fisiologica, anche detta 'nocicezione', che prescinde da un'attuale consapevolezza.

Quando un paziente non è in grado di comunicare come sta, diventa centrale il problema di rilevare in modo oggettivo il suo stato di dolore. Il paziente anestetizzato, se il quantitativo di farmaci è sufficiente, non sente male, tuttavia esiste a livello fisiologico uno stato di sofferenza che è misurabile e di conseguenza limitabile attraverso un intervento tempestivo in sala operatoria.

> Per fare un'analogia, è come qualcuno che ha bevuto troppo e va a sbattere contro un oggetto. Al momento magari nemmeno se ne accorge, ma non di meno il giorno dopo si sveglia con un livido e un ginocchio dolorante. Lo stesso avviene in sala operatoria.

Per fare un'analogia, è come qualcuno che ha bevuto troppo e va a sbattere contro un oggetto. Al momento magari nemmeno se ne accorge, ma non di meno il giorno dopo si sveglia con un livido e un ginocchio dolorante. Lo stesso avviene in sala operatoria.

Difatti in seguito a intervento la metà dei pazienti si sveglia con dolore medio o intenso e nel 20% dei casi questo persiste per mesi, anche dopo la cicatrizzazione della ferita. Nel caso dei pazienti a rischio, quelli più anziani o con patologie pregresse, deve essere ridotto al minimo lo stress operatorio perché l'ipertensione e un battito cardiaco accelerato possono causarne anche la morte. Dall'altro lato, il 12% dei pazienti lamentano una sensazione di nausea al risveglio, sonnolenza e possono avere un respiro lento, fino a giungere alla depressione respiratoria. Con questo numero di pazienti che già presentano degli effetti collaterali agli oppioidi, aumentarne il dosaggio durante l'intervento non è possibile.

Medasense, attraverso una complessa tecnologia adattiva che sfrutta l'intelligenza artificiale, è in grado di migliorare il dosaggio di oppioidi riducendo drasticamente dolore ed effetti collaterali post-operatori.

MEDASENSE BIOMETRICS

L'intelligence del dolore

Visione:

-

Un mondo dove i medici possano monitorare in modo oggettivo il dolore di un paziente sotto sedazione.

Meda è una parola ebraica con il significato di "metro di misura".

Fondata nel 2008, Medasense Biometrics è frutto della convergenza di culture e competenze diverse, dall'informatica a quella clinica e ingegneristica.

La tolleranza al dolore e agli oppioidi varia fortemente da persona a persona e può cambiare anche in corso d'intervento. Medasense, attraverso un ditale collegato a uno schermo dietro al quale ci sono molta programmazione, intelligenza artificiale e anni di studi per la creazione di un algoritmo predittivo e adattivo, permette di monitorare in tempo reale una varietà di parametri fisiologici e la loro variazione secondo per secondo. L'algoritmo analizza la variazione dei dati e riparametra gli indicatori soggettivi in base alla risposta del singolo paziente alla terapia farmacologica. La quantità di farmaci viene dosata con un'accuratezza molto maggiore, portando così a una drastica riduzione di tutti gli effetti collaterali legati al sovradosaggio di oppioidi.

Ci sono voluti più di otto anni per trasformare l'idea iniziale in un prodotto vendibile sul mercato. «Ho creduto in questo progetto fin dal primo giorno. Posso dire che ho più o meno fatto un dottorato nell'incubatore», racconta Galit, «i primi quattro anni sono stati di pura ricerca, i successivi invece erano rivolti alla definizione del mercato e del prodotto finale. Sono i vantaggi e gli svantaggi legati al fatto di aprire una nuova strada; c'è molta più ricerca dietro, tempi più lunghi per definire gli aspetti scientifici, le prove e le validazioni possibili. Buona parte del lavoro è stata

Alcuni dati

Fondata:
-
2008

Dimensioni:
-
30 dipendenti

Finanziamenti:
-
$32Mln

individuare le domande giuste: cosa stavamo misurando, come potevamo farlo e in che modo tutto questo sarebbe stato spendibile sul mercato; ma poi piano piano metti assieme i pezzi e realizzi di trovarti in un terreno con il quale nessuno si è ancora confrontato. La nostra sfida era quella di dimostrare che non stavamo facendo fantascienza, per cui abbiamo dovuto supportare le nostre teorie con molti studi clinici, revisioni paritarie e pubblicazioni, e posso dire che ci siamo riusciti».

Nata all'interno di un incubatore tecnologico, inizialmente Medasense si fondava all'85% su finanziamenti pubblici, mentre oggi questi sono scesi ad appena il 5%.

Come ammette la stessa Galit, l'importanza del denaro pubblico è fondamentale, soprattutto nella fase iniziale di un progetto, quando si è ancora lontani dal prodotto finale e i rischi connessi all'investimento sono molto alti. La ricerca, soprattutto in ambito biomedicale, richiede tempi lunghi, e solo un capitale paziente la rende possibile. Successivamente, al contrario, ottenere capitale privato dimostra che si è intercettato un mercato, e che il prodotto è valido. Nel tempo l'azienda ha raccolto 32 milioni di dollari da *venture capitalist*, partner strategici e investitori privati, sviluppando una rete di vendita a livello mondiale.

SPERIMENTAZIONE DURANTE IL COVID-19

Ogni anno vengono effettuati 300 milioni di interventi chirurgici. L'azienda è partita da questo mercato, che vale già miliardi di dollari, ma si sta espandendo nell'ambito della terapia intensiva.

L'epidemia di COVID-19 in questo senso ha presentato l'opportunità di un utilizzo più estensivo della tecnologia Medasense su pazienti in terapia intensiva, sedati e ventilati, rispetto ai quali occorre però adattare l'orizzonte temporale su cicli più lunghi, di ore e non di secondi.

STATO DELL'ARTE PRIMA DI MEDASENSE

In fase preoperatoria attualmente si calcola la quantità di oppioidi da somministrare in base all'età, al genere e all'indice di massa corporea del paziente. In seguito, durante l'operazione, si aggiustano gli analgesici (cioè gli antidolorifici) a seconda del battito cardiaco e della pressione. Questi parametri, è stato dimostrato attraverso numerose ricerche, sono ancora insufficienti e altamente migliorabili.

GALIT ZUCKERMAN-STARK

Parlando con Galit colpisce innanzitutto l'armoniosa convivenza di determinazione e gentilezza. Interessata fin da piccola alla matematica e alla fisica, a questo si affiancano le doti musicali: «suonavo il flauto in un'orchestra, i miei amici erano musicisti e facevamo concerti in Europa e in Israele, così esprimevo un altro lato del mio caratte-

Mi piaceva in particolare essere esposta a qualcosa di cui non conoscevo nulla, ritrovarmi di fronte a uno schermo nero senza sapere da dove cominciare. Non bisogna scoraggiarsi, ma darsi il tempo di imparare, accogliere i progressi fino a che non si arriva alla soluzione.

re. Mi sono sempre piaciute molte cose, anche diverse, forse con l'unico denominatore che in tutte ricercavo l'eccellenza. Per lungo tempo non sapevo però quale ambito privilegiare».

Durante il servizio militare obbligatorio, che vige tutt'oggi in Israele, viene assegnata all'unità di intelligence 8200. Le informazioni vengono date rapidamente, il ritmo è quello di chi si trova perennemente sotto attacco. È il modo di lavorare che piace a Galit, e in quel momento capisce che sarebbe diventata un ingegnere perché emerge prepotente il desiderio di sapere ciò che loro sapevano, di diventare una loro pari.

Alle spiccate doti intellettuali, testimoniate dalla partecipazione a programmi di eccellenza, si aggiunge il piacere della scoperta: «mi piaceva in particolare essere esposta a qualcosa di cui non conoscevo nulla, ritrovarmi di fronte a uno schermo nero senza sapere da dove cominciare. Non bisogna scoraggiarsi, ma darsi il tempo di imparare, accogliere i progressi fino a che non si arriva alla soluzione. Confrontandomi con i problemi ho capito che mi sarebbe piaciuto fare ricerca».

Sta lavorando in una grande azienda quando inizia a scrivere progetti di startup che riflettano la sua visione del mondo e Medasense, tra tutte le idee, passa il test del *go-no-go*. «Nella vita mi sono trovata di fronte a molti bivi», confessa quasi sovrappensiero; anche quando, con in mente Medasense, gira tra associazioni ed eventi in cerca di finanziamenti, dove incontra un investitore e imprenditore seriale che le propone di unirsi a lui per avviare un'azienda. Lei inizialmente rifiuta, salvo poi ripensarci e lavorare assieme per quasi un anno. È un'esperienza che, racconta Galit, la avrebbe aiutata molto a capire la fase di startup, guardando il processo con gli occhi degli investitori. Dopo essere passati dall'idea all'impresa, le viene offerta una posizione come CTO, ma Galit risponde negativamente. «Avevo quasi firmato un accordo con un incubatore tecnologico per Medasense, e decisi di andare avanti. All'epoca la mia buonuscita fu molto modesta se comparata con quello che mi veniva offerto o a quello che guadagnavo poco prima, ma mi ha permesso di portare alla luce le mie idee e di avere la mia azienda; quindi so di aver fatto la scelta giusta».

La sua è una storia di scelte, tra la musica e l'ingegneria, tra il mondo accademico e quello delle grandi aziende (Nice prima, Siemens e Applied Materials poi), tra un comodo secondo posto e uno scomodo primo.

Sono scelte che sembrano dettate anche da sincronicità con aspetti profondi del suo carattere: un'innata passione per l'apprendimento e il *problem solving* e una personalità eclettica, versatile. Ogni decisione riflette però al contempo la pragmaticità, la curiosità e l'ambizione di una guerriera dal sorriso aperto e dalla mente disciplinata.

Non sempre la strada è lineare, ma talvolta seguire il proprio cuore attraverso brusche transizioni porta alle medesime destinazioni attraverso percorsi differenti; nulla va perduto e ritornano utili gli strumenti accumulati durante il cammino. Così Galit racconta la storia di un'amicizia per lei importante, quella con la sua collega di corso che decide di abbandonare un lavoro ben pagato da ingegnere un paio di anni dopo essersi laureata. «Avevamo tutte raggiunto delle buone posizioni in aziende importanti e poi un giorno mi disse: 'non ne posso più, detesto questo lavoro!' Mollò tutto di punto in bianco per ritornare sui libri. Scelse di seguire la sua vocazione studiando psicologia. Ora, dopo un dottorato e un *post-doc*, lavora presso un centro di ricerca Israeliano. Negli anni ho capito che in realtà stiamo cercando le soluzioni agli stessi problemi. Lei studia sensori fisiologici e il background ingegneristico le ha fornito le competenze che oggi le servono per fare quello che ama, mentre io sviluppo sensori fisiologici per la gestione del dolore, dove gli aspetti psicologici sono predominanti. Il mio atteggiamento rispetto alle proprie passioni è concreto, per questo penso sia importante coltivare una

Penso sia importante coltivare una visione chiara di sé e di dove si vuole arrivare, comprendendo quale ambiente ci può rendere soddisfatti e cosa vale la pena vivere, promuovere e portare avanti.

visione chiara di sé e di dove si vuole arrivare, comprendendo quale ambiente ci può rendere soddisfatti e cosa vale la pena vivere, promuovere e portare avanti».

Con queste parole si rivolge alle ragazze e alle donne, medici e imprenditrici Israeliane a cui fa da mentore all'interno di programmi come Woman2Woman, dove professioniste provenienti da diversi settori della società israeliana aiutano giovani donne ambiziose ad affrontare i loro primi 'bivi' professionali. Collabora anche con acceleratori per imprenditori, come Birthright Israel o altri forum. Queste sono le cose che fa per la sua anima, mi racconta. «Avere una startup implica un processo di apprendimento continuo, sia sotto l'aspetto scientifico che di business. Guardando loro rivedo me dieci anni fa e penso: magari le aiuterò ad arrivare dove sono io adesso in ancora meno tempo».

Galit ama concludere i suoi discorsi pubblici con l'immagine di un iceberg che rappresenta il successo. Sta a dire che sotto ogni riuscita c'è molto altro: grande fatica, tenacia, la capacità di prendere decisioni rischiose, sacrifici personali ed economici e, come sempre nella vita, un po' di fortuna. Mette in guardia le più giovani dall'impazienza, che è un demone contemporaneo. L'attività di ricerca e fondare un'azienda richiedono tempi lunghi prima di portare risultati, però gran parte della massa è sotto la linea di emersione del ghiaccio.

«Ho scelto di aiutare le altre donne perché», racconta Galit, «per me è stato importante avere dei modelli di riferimento, persone in carne e ossa che mi mostrassero con il loro esempio che ce la potevo fare. Hanno reso la mia aspirazione tangibile e realizzabile. Quando penso a me stessa mi considero una minoranza di una minoranza di una minoranza, dove invece mi piacerebbe sentirmi comune, senza la necessità di affermare un'unicità. Allora mi chiedo: come potrebbero essercene di più? Più donne scienziate, più donne imprenditrici e innovatrici? Come rendere le donne più forti? Quando penso alla società israeliana purtroppo ho ancora la percezione di uno spesso soffitto di vetro (l'espressione idiomatica in inglese è *glass ceiling*). Molte donne cominciano l'università, e magari all'inizio sono anche meglio dei colleghi uomini, si laureano, fanno un master, magari un dottorato, ma poi scompaiono. Non è tanto il numero di donne in ambito scientifico quanto la sproporzione nell'influenza che dovrebbero avere. Il loro peso sociale non è proporzionale alle competenze o alle qualifiche. Penso che il mio e il nostro compito oggi sia quello di aprire le porte per le altre donne nella scienza e aiutarle a diventare un'equa presenza rispetto ai colleghi di sesso maschile».

KAREN
DOLVA

NO ISOLATION

DICE DI SÉ

«Per me è fondamentale divertirmi facendo».

COSA LA MOTIVA OGNI GIORNO

«Scoprire che i nostri prodotti vengono utilizzati, che un bambino malato si collega anche solo per parlare con i compagni, o che c'è un nonno da solo a casa che ora si sente un po' più vicino alla sua famiglia».

DA DOVE NASCE L'IDEA

Ogni nuovo smartphone marginalizza una quota di consumatori, quelli che non sanno usarlo. Perché non è nato per loro, ma per i loro figli. In una società dove ormai i bisogni primari, e anche quelli secondari, sono già pienamente soddisfatti, si evidenzia così uno scollamento sempre maggiore tra utilità reale e percepita dei prodotti tecnologici sul mercato. «Il modello di business si basa sulla convinzione che le preferenze dei venticinquenni influenzino le decisioni di acquisto dei cinquantenni. Si pensa la tecnologia esclusivamente per le giovani generazioni, e allora diventa progressivamente inaccessibile a mano a mano che aumenta l'età». Tutto questo a Karen non piace, perché il sistema si alimenta soddisfacendo la domanda di un mercato che non ha veri bisogni, se non quelli artificialmente generati dalle strategie di marketing.

Da queste riflessioni, condivise con un'amica, nasce così l'idea di creare un'azienda che produca tecnologia socialmente utile, No Isolation, con l'obiettivo di attenuare il senso di isolamento.

Tra i tanti possibili punti di partenza, Karen sceglie i bambini affetti da gravi patologie, con l'obiettivo di aiutarli a riconnettersi con il mondo e i loro amici, «perché quando ti informi e cominci a parlare con loro, non puoi più voltarti dall'altra parte».

Karen racconta con competenza e umanità le difficoltà relazionali dei bambini costretti

Il modello di business si basa sulla convinzione che le preferenze dei venticinquenni influenzino le decisioni di acquisto dei cinquantenni.

Si pensa la tecnologia esclusivamente per le giovani generazioni, e allora diventa progressivamente inaccessibile a mano a mano che aumenta l'età.

MANDARE UN **MESSAGGIO** A QUALCUNO CON CUI **NON HAI PARLATO** PER DEI MESI NON È UN GESTO SCONTATO. LA **BARRIERA** È PRIMA DI TUTTO PSICOLOGICA, **EMOTIVA**.

per lungo tempo all'isolamento. «Mandare un messaggio a qualcuno con cui non hai parlato per dei mesi non è un gesto scontato. La barriera è prima di tutto psicologica, emotiva». Per questo Karen pensa a un dispositivo che permetta a bambini e ragazzi di essere virtualmente nella classe e relazionarsi con docenti e compagni.

Lo studio di tutte le ricerche scientifiche, psicologiche e sociologiche condotte sull'argomento la porta a contatto con famiglie e bambini. Emerge subito l'esistenza di

> *I bambini non hanno bisogno di leggere passivamente i post dei coetanei, hanno bisogno di partecipare a quella conversazione, esserci nel momento in cui il professore ha un'ombra buffa dietro la testa, e gli altri stanno ridendo tra loro.*

un mercato ancora fortemente sotto-servito e la strada che conduce al prodotto finale è innanzitutto un percorso di consapevolezza. Karen capisce, attraverso i genitori, che ai loro figli mancano proprio i piccoli momenti, le interazioni sociali anche banali. Sono quelle che costruiscono la relazione.

I bambini non hanno bisogno di leggere passivamente i post dei coetanei, hanno bisogno di partecipare a quella conversazione, esserci nel momento in cui il professore ha un'ombra buffa dietro la testa, e gli altri stanno ridendo tra loro.

I pensieri percorrono strade non lineari, rimbalzano tra proposte che vengono a una a una scartate. Karen non vuole entrare in competizione con il mercato, già maturo, dei tablet. Pensa piuttosto a un oggetto che non solo comunichi, ma sia esso stesso presente. Nasce così AV1, un robottino di telepresenza che partecipa alle lezioni al posto del bambino.

L'ISOLAMENTO SOCIALE

Una nonna spagnola e una nonna norvegese probabilmente daranno risposte molto diverse alla domanda: "i suoi nipoti vanno a trovarla abbastanza spesso?"

Quell'abbastanza spesso, la percezione di vicinanza a cui esso allude, si radica e prende forma nel contesto sociale. È facile che una nonna spagnola, visitata una volta alla settimana da tutta la famiglia, si senta sola e abbandonata, e che la nonna norvegese, nelle stesse condizioni, si senta al contrario straordinariamente grata e benvoluta.

È invece difficile stabilire se sia l'isolamento a favorire uno stato depressivo o il contrario, ma nell'arena di questa sensazione così straordinariamente personale e al contempo universale, la tecnologia può servire da ponte per colmare distanze geografiche ed emotive.

Karen però invita ad assumere una posizione neutrale: «la tecnologia è uno strumento, non una soluzione, e c'è molta tecnologia che in realtà non ha nessun valore di connessione. Le piattaforme social, nono-

stante il nome, hanno in realtà ben poco di 'social' perché il loro obiettivo non è mai stato quello di aumentare il valore delle relazioni. Non si incentivano lunghe conversazioni, non monitorano come ti senti, o in che stato mentale è il tuo gruppo di amici. Questi però sono i fondamenti della socialità. Per cui la sensazione di isolamento non dipende affatto dalla quantità di amici, ma da quanto sei sicuro di ricevere aiuto se ne hai bisogno e soprattutto dal sentirti capito. Molti ragazzi oggi si sentono terribilmente

Più sale l'aspettativa sulla propria vita, più aumenta contestualmente l'insoddisfazione rispetto a quella reale. Questo è preoccupante e ritengo che ci siano ancora troppi pochi studi sull'argomento.

soli perché pensano di non avere nessuno vicino a cui poter parlare delle loro emozioni senza essere giudicati. Tutti abbiamo bisogno di sentirci accettati e, se manca questo, si origina un senso di solitudine».

Al contrario i social media, che hanno creato l'aspettativa di una vita brillante, luminosa, perennemente impegnata e affollata, ci aiutano spesso a sentirci peggio. È perfettamente normale cenare da soli ad esempio un martedì sera, mentre navigando sui social si ha esattamente l'idea opposta, che ci sia cioè un mondo dinamico, relazionale e felice al quale non abbiamo accesso. «Più sale l'aspettativa sulla propria vita, più aumenta contestualmente l'insoddisfazione rispetto a quella reale» osserva Karen. «Questo è preoccupante e ritengo che ci siano ancora troppi pochi studi sull'argomento. In realtà va perfettamente bene cenare da soli il martedì, giovedì e anche sabato. Si tratta sempre e soltanto di un pasto! È terribile che passi un concetto diverso da questo e che il nostro successo venga misurato su aspettative che sono gonfiate artificialmente dalla tecnologia. Così non siamo più felici o più connessi, ma solo più delusi e arrabbiati».

NO ISOLATION

Sconfiggere l'isolamento sociale

Prodotti:

-

AV1 il robottino di telepresenza

-

KOMP il tablet senza comandi per gli anziani

Il progetto, nato nel 2015 all'interno di un incubatore universitario, si trasferisce quasi subito a Oslo, dove è possibile sviluppare la tecnologia hardware. Ai quattro fondatori: Karen Dolva, Marius Aabel, Matias Doyle e Marius Vabo, si aggiunge presto Anna Holm Heidel, considerata dagli altri come fondatrice a pieno titolo. No Isolation si rivolge ai gruppi e ai segmenti di popolazione che sono isolati, offrendo una tecnologia che li aiuti a (re)inserirsi nel contesto sociale.

AV1

In Norvegia, quando un bambino è malato, al suo posto sul banco viene messo un orsetto. AV1 sostituisce l'orsetto con un piccolo robottino, attraverso il quale il ragazzo può parlare, gestendo i comandi e i movimenti del robot da qualsiasi dispositivo *touch*. Si sceglie anche di dotare il dispositivo di un video solamente unidirezionale, dal bambino verso la classe, per evitare il possibile stress generato dal mostrarsi ai propri compagni.

AV1 viene venduto principalmente alle scuole, soprattutto quelle che prendono già seriamente questi bambini, investendo denaro nell'educazione da casa per riportarli un giorno a scuola. Il robot permette in questi casi anche una drastica riduzione dei costi. C'è poi il mondo degli enti locali e delle associazioni, che sono particolarmente sensibili alla problematica perché se ne occupano nel quotidiano.

Alcuni dati

Fondata:

-

2015

Uffici:

-

Oslo
Amsterdam
Londra

Finanziamenti:

-

$10.600.000

> *Abbiamo scoperto invece che lo accendeva soltanto durante l'intervallo oppure subito dopo la fine delle lezioni, per parlare con i compagni. Per noi non è affatto un segnale negativo, perché il nostro scopo, ancor prima dell'istruzione, è proprio quello di permettere un'interazione con i compagni.*

«Non sapevamo come avrebbero reagito i bambini» racconta Karen, «ma la loro risposta è stata bellissima, e sono loro a modularne l'utilizzo. Ci sono quelli introversi che amano la scienza, quindi se ne stanno silenziosamente in classe e partecipano attraverso il robottino; in altri casi l'insegnante ci ha detto che il bambino non aveva mai usato il dispositivo. Abbiamo scoperto invece che lo accendeva soltanto durante l'intervallo oppure subito dopo la fine delle lezioni, per parlare con i compagni di classe. Per noi non è affatto un segnale negativo perché il nostro scopo, ancor prima dell'istruzione, è proprio quello di permettere un'interazione con gli altri».

KOMP

Tre anziani su quattro non utilizzano internet perché non vi hanno accesso, nel senso che non sono in grado di utilizzare la tecnologia. Il problema di connettere gli anziani con le loro famiglie, che vogliono una comunicazione e cercano un mezzo semplice, presuppone un cambio di paradigma sostanziale. «La parola accessibilità» racconta Karen «andava rideclinata per loro, per cui abbiamo cominciato a fare una lista di tutti i problemi più frequenti tra gli anziani: riduzione della vista, dell'udito o della mobilità, il fatto che oltre gli ottant'anni la circolazione del sangue è più debole, le impronte digitali diventano più sottili e la pelle si secca, rendendo difficile l'utilizzo di un sistema *touch*.

Abbiamo scritto un elenco di prerequisiti, perché sono queste persone che hanno davvero bisogno di una tecnologia semplice. La cosa triste è stato capire che in molti avevano già provato a utilizzare lo smartphone, il tablet, ma alla fine sia loro che i familiari avevano silenziosamente deciso di lasciar perdere». Spesso infatti i prodotti pensati per gli anziani sono costosi e deludenti, e a ciò si aggiunge il dubbio sull'aspettativa di vita,

che frena un investimento significativo.

Per questo motivo Karen vuole evitare tutti i *pop-up*, tutte le complicazioni tecnologiche. Nasce così Komp, uno schermo dall'estetica retrò che ricorda le radio degli anni Settanta. Ha solamente un tasto che lo accende e lo spegne. Nel mentre, le immagini scorrono molto lentamente sullo schermo, come se si trattasse di un album digitale. L'anziano non deve fare assolutamente nulla perché la gestione del dispositivo è affidata al parente, che può lanciare la telefonata attraverso un'app sul suo dispositivo, e questa si avvia in automatico dopo dieci secondi. Lo stesso avviene per i messaggi, visualizzati con caratteri molto grandi. «Studiando questo prodotto abbiamo scoperto diversi fatti interessanti. Ad esempio che gli anziani leggono veramente tutti i messaggi in *pop-up* e decidono coscientemente se premere sì o no, mentre noi siamo già abituati a chiudere la finestra indesiderata in automatico. Il loro approccio alla tecnologia è davvero didascalico, mancano di una risposta intuitiva».

Durante il periodo di lockdown per il CO-VID-19, i parenti, preoccupati per i loro genitori e nonni, si sono attivati, e KOMP viene esaurito in due settimane. Per Karen, «non è cambiato tanto l'isolamento in sé, essendo sempre stata una realtà per gli anziani, quanto la consapevolezza da parte del resto della famiglia. In realtà, per assurdo, gli anziani in quel periodo sono stati seguiti più del solito». No Isolation non si limita a un singolo seg-

Cerchiamo problematiche comuni a gruppi di persone, affrontando un problema alla volta: i bambini malati non possono partecipare alla scuola, mentre dovrebbero, e noi troviamo un modo in cui riescano a farlo.
Gli anziani sono ostacolati dalla tecnologia, e noi la ripensiamo rendendola accessibile.

mento di popolazione, cercando invece *cluster* di situazioni accomunate dalla necessità di combattere l'isolamento. «Cerchiamo problematiche comuni a gruppi di persone, affrontando un problema alla volta: i bambini malati non possono partecipare alla scuola, mentre dovrebbero, e noi troviamo un modo in cui riescano a farlo. Gli anziani sono ostacolati dalla tecnologia, e noi la ripensiamo rendendola accessibile». A Karen non mancano le idee per il futuro. Ha in mente almeno altri cinque prodotti per gli anziani, vorrebbe pensare a una soluzione per aiutare gli *expat* e gli immigrati, utilizzando l'esperienza delle associazioni di volontariato per rispondere ai bisogni specifici di quel segmento. Anche i 'nuovi genitori' sono statisticamente più isolati rispetto ai non genitori, così come lo sono i detenuti e le loro famiglie, perché il fatto di essere in prigione diventa discriminante per tutto il nucleo.

In azienda vige la democrazia: indicono una votazione ogni volta che si deve decidere se entrare in un nuovo mercato. No Isolation ottiene 110M di corone norvegesi (pari a circa 11M di euro) da finanziamenti privati: fondi pensione, *venture capitalist*, fondi familiari e privati. In trenta lavorano per l'azienda, sparpagliati tra Oslo, Londra e Monaco di Baviera.

MALETECH?

Per Karen il fatto di essere una donna è stato un vantaggio, perché ha trovato molti imprenditori che desideravano investire specificamente in un'azienda al femminile, o con un gruppo di fondatori quantomeno di entrambi i sessi, e forse (quantomeno piace pensarlo) perché in generale i gruppi misti performano statisticamente meglio, combinando caratteristiche complementari. «Sinceramente però mi ha turbata sentire di investitori sollevati dal fatto di incontrare aziende che non fossero nel *femtech*. Ma, viene da chiedersi, c'è un corrispettivo per un maschio che fa prodotti per maschi? Qualcuno utilizzerebbe il termine 'maletech'?».

VENTURE CAPITALIST IN PANTALONI

«La psicologia ci ha mostrato come tendiamo a credere e a dare maggiore fiducia alle persone che ci assomigliano, con queste parliamo più facilmente, investiamo nelle idee che comprendiamo meglio e, finché il 95% degli investitori saranno uomini, le aziende fondate da uomini avranno maggiori possibilità di essere finanziate, anche quando l'investitore è consapevole del suo condizionamento ed è preparato sul contenuto». Karen, dal canto suo, ha già la ricetta: «c'è bisogno in generale di più diversità, tra i sessi, tra gli orientamenti, tra le età di chi investe. Questo aiuterebbe davvero tutti. Così, a forza di girare attorno a una simmetria perfetta, forse arriveremo anche alla parità perfetta».

KAREN DOLVA

Karen è una bimba norvegese a cui piace costruire oggetti in legno con il nonno. Non sa bene cosa sia la scienza finché non va al liceo e scopre che c'è una scatola, ancora tutta da aprire, che si chiama STEM (acronimo inglese di Scienze, Tecnologia, Ingegneria e Matematica). Karen sceglie la facoltà di Computer Science un po' al buio, senza sapere nulla di programmazione, su suggerimento di un'amica che si era iscritta a matematica l'anno prima.

È un privilegio che ci si può concedere più facilmente in Norvegia, dove l'istruzione è gratuita e andare all'università costa circa trenta euro l'anno. Quello norvegese è un sistema scolastico gentile, che permette di studiare gratuitamente anche senza particolari attitudini. Karen trascorre il primo anno imparando i fondamenti della programmazione e ogni dubbio scompare. La programmazione diventa il linguaggio per mezzo del quale risolvere enigmi e lei sa ora che anche da adulti ci si può divertire inventando cose.

'Divertirsi facendo', questo è per lei fonda-

mentale. Parallelamente agli studi, sta lavorando nell'incubatore dell'università, che accoglie di buon grado studenti provenienti dalla facoltà di matematica. Si innamora dell'ambiente e di quella mentalità, al contempo ingenua e forte, tipica di chi intraprende scelte rischiose nonostante le scarse possibilità di successo. Anche se molte startup non usciranno mai da quell'incubatore, è bello pensare a come migliorare, a come creare qualcosa che funzioni davvero. Karen

Se ti piace immaginare e inventare cose nuove, questo è il luogo giusto, perché le novità si succedono a una velocità impressionante e c'è sicuramente bisogno di ragazze, per esempio per non creare applicazioni che riconoscono solo uomini bianchi.

in quel periodo sta anche avviando la sua startup.

Così, con la scusa del 'lo farò dopo', «ho abbandonato gli studi a dieci crediti dalla laurea. Erano dieci crediti su materie non curriculari, però», precisa lei, un po' però pentendosene.

Karen si dichiara fortunata per essere riuscita a pagarsi (quasi) sempre lo stipendio, magari non alto ma sufficiente a garantirle autonomia. «Sapere di potersi pagare le bollette a fine mese dà l'energia e la serenità d'animo per lavorare duramente, sacrificando una vita più comoda per la realizzazione del proprio progetto». In questo, dice Karen, aiuta molto anche il welfare norvegese, con la garanzia di un sussidio in caso di disoccupazione, e con il non dover pensare a una polizza medica in caso di malattia. «Sono tutti fattori che permettono di scegliere la propria strada con maggiore serenità, e di prendere rischi con maggiore fiducia».

Alle ragazze che stanno pensando a una carriera in questo settore dice: «se ti piace immaginare e inventare cose nuove, questo è il luogo giusto, perché le novità si succedono a una velocità impressionante e c'è sicura-mente bisogno di ragazze, per esempio per non creare applicazioni che riconoscono solo uomini bianchi. Serve essere curiosi e anche accettare il fatto che non si può essere degli esperti in ogni ambito». Secondo Karen in questo le donne scontano ancora un condizionamento sociale, per cui storicamente i maschi si confrontano più liberamente con ambiti nei quali non si sentono del tutto a loro agio, mentre le ragazze hanno bisogno di maggiori rassicurazioni. «Devono capire che va bene imparare progressivamente e ottenere una competenza parziale. Nel mio corso all'inizio eravamo la metà femmine e la metà maschi, ma alla fine del primo anno le ragazze non contavano più del 10% della classe. Le altre se n'erano andate. Il femminile sconta pesantemente la disabitudine a confrontarsi con ciò che non può controllare».

Per Karen spetta in primo luogo ai genitori alleggerire le aspettative rispetto alle ragazze, generalmente superiori rispetto a quelle verso i maschi. «I genitori sono storicamente molto bravi a sgravare le responsabilità dalle spalle del maschio e a metterle su quella della femmina», racconta. «Pensiamo alle frasi come 'non renderti ridicola', 'beh, è un ragazzo'. Quando si dice 'è una femminuccia' ci si riferisce a qualcuno che si lamenta, qualcuno di debole. Sono le parole dei genitori a creare le prime discriminazioni. Bisognerebbe invece trattare i figli, maschi e femmine, nello stesso modo. Solo così cresceranno per essere uguali. La mia fortuna è stata proprio quella di essere categorizzata fin da piccola come un maschiaccio, e la cosa ridicola è che l'unico modo per sentire meno aspettative fosse assomigliando a un maschio. È assurdo! La bimba timida e riservata che si preoccupa di tenere le sue paperelle in ordine, è lei che va risollevata, le va detto 'non contare le papere, stai serena! Se ce ne saranno di meno vuol dire che qualcuna è volata via, va tutto bene'».

JALILA
ESSAÏDI

INSPIDERE

DICE DI SÉ

«Credo nei progetti a lungo termine, perché una parte importante dell'essere imprenditore ha anche a che fare con la costruzione di comunità».

COSA LA MOTIVA OGNI GIORNO

«Non vivo solo di obiettivi, ma di emozioni. Per me la cosa importante è entrare in nuovi mondi, esplorare nuovi orizzonti e collegare nuove isole».

DA DOVE NASCE L'IDEA

Da un punto di vista meccanico, la seta prodotta dai ragni è un materiale dalle proprietà straordinarie e la resistenza dei suoi filamenti è superiore rispetto a qualsiasi fibra sintetica disponibile oggi sul mercato. Una pallottola, pur dipendendo dall'arma da fuoco, viene sparata da un pistola a una velocità che varia tra i 250 e i 560 metri al secondo. Immaginiamo per un momento la possibilità di arrestare il volo di un proiettile grazie ai filamenti di seta di ragno. Sembra un film di Spiderman, eppure la pelle a prova di proiettile creata da Jalila Essaïdi, installazione artistica dal titolo '2.6g 329m/s', prima ancora che essere un'invenzione scientifica racconta il bisogno di sicurezza e protezione dalla minaccia della violenza. Per farlo utilizza la tecnologia propria dei ragni, i più illustri architetti di un minimalismo funzionale. Le loro reti annodate diventano con Jalila un network di relazioni e competenze.

Nel fitto del bosco poco lontano da Eindhoven, ogni anno una gruppi di studenti di ogni età arrivano da tutto il mondo per incontrarsi negli ex bunker, oggi teatro di seminari ed esperimenti, mostre e contaminazioni. Jalila ha creato un luogo di formazione che sfida la rigida impostazione della scuola tradizionale. «Il modello educativo, almeno qui in Olanda, risale ancora al periodo dell'industrializzazione, si basa sull'economia e sul mito della crescita. Non si studia ancora abbastanza la correlazione tra economia, ambiente e tecnologia, sebbene sia questo il tema del futuro». Clima, ambiente, sostenibilità, l'ispirazione che proviene e ritorna alla natura. L'allevamento intensivo ne minaccia il delicato equilibrio e il governo olandese sfida Jalila a trovare una soluzione rispetto al problema della sovrapproduzione di letame. Lei accoglie l'in-

La pelle a prova di proiettile creata da Jalila Essaïdi, installazione artistica dal titolo '2.6g 329m/s', prima ancora che essere un'invenzione scientifica racconta il bisogno di sicurezza e protezione dalla minaccia della violenza.

vito, si reca da un contadino, prende diversi campioni di letame e li porta in laboratorio.

Jalila si sposta attraverso ambiti tra loro eterogenei in assenza di un punto di vista preferenziale. «Si tratta di vedere la magia in ogni cosa, capirne la bellezza. Non c'è un oggetto o un ambito più adatto, perché il valore è nell'atto di costruire le connessioni, rendendo il mondo più sano e più bello, e scoprendo, sorprendendo, prima di tutto se stessi».

> *Si tratta di vedere la magia in ogni cosa, capirne la bellezza. Non c'è un oggetto o un ambito più adatto, perché il valore è nell'atto di costruire le connessioni, rendendo il mondo più sano e più bello, e scoprendo, sorprendendo, prima di tutto se stessi.*

INSPIDERE

Il filo conduttore

Jalila si ispira da sempre a Neelie Kroes, politica olandese e commissario europeo dal 2004 al 2014.

La pelle a prova di pallottola, il cui titolo originale è '2.6g 329m/s', ottiene copertura mediatica in tutto il mondo come 'bulletproof skin' e costituisce la base per un'alternativa sintetica alla pelle (animale) che garantisca le stesse proprietà di resistenza. I grammi e i metri al secondo che danno il titolo all'opera sono la tenuta standard di un giubbotto antiproiettile e, come quest'ultimo, la 'bulletproof skin' è in grado di fermare una pallottola. Si tratta di una pelle umana sviluppata in vitro e rinforzata con seta di ragno sintetica che, contrariamente a quanto sarebbe naturale pensare, non è una vera e propria tela di ragno. Il materiale infatti si ricava a partire dal latte prodotto da capre geneticamente modificate. Difatti né i ragni né i bachi da seta, per ragioni diverse, si presterebbero all'uso. Queste capre producono un latte contenente una specifica proteina, che viene poi raccolta e separata dal latte attraverso un processo di elettro-filatura. In questo modo si utilizza un'industria già esistente, l'allevamento caprino, per produrre la sostanza di interesse. La 'bulletproof skin' si ottiene infine combinando questo materiale con cellule di pelle umana, collagene, cheratinociti e fibroblasti.

Attorno all'invenzione di Jalila nasce Inspidere, l'azienda che brevetta questo materiale estremamente leggero, elastico, resistente e durevole. La forza della tecnologia consiste nella grande flessibilità e nell'alto punto di rottura, adattandosi così ad usi molto diversi: dall'industria automobilistica all'abbigliamento da lavoro, sportivo e agli stessi giubbotti antiproiettile. Il materiale è un'alternativa biologica all'utilizzo della pelle e si trova ora nell'ultima fase di *testing*.

BIOART LABORATORIES & VILLAGE

Immersa nei boschi del Noord-Brabant, la Fondazione BioArt Laboratories è un'organizzazione non profit che dal 2011 attrae ogni anno designers, studenti, artisti, imprese e accademici provenienti da tutto il mondo. A unire queste persone è il desiderio di esplorare le intersezioni tra scienza, tecnologia, natura e creatività. Trasferito nel 2016 all'interno delle Duitse Woningen, il complesso di bunker costruito durante la seconda mondiale per ospitare gli ufficiali militari tedeschi, BioArt ha trasformato il luogo in una fucina di idee e innovazione rinvigorente, spartana e dinamica, forse perfino paradossale nella sua vitalità.

BioArt Village è il portale di accesso a infinite possibilità di intersezione, e il laboratorio nei boschi, in senso fisico e metaforico, incentiva la fusione tra arte, natura e tecnologia. Ai quasi 50 studenti che giungono ogni anno con un'idea da sviluppare, viene offerto un programma di formazione, l'accesso ai laboratori, ai biomateriali e a una rete di esperti. Il network mondiale di BioArt Laboratories si estende a università, centri di ricerca e laboratori specializzati e attraverso eventi pubblici come esperimenti, mostre e incontri con gli esperti, i talenti che si raccolgono lì ogni anno hanno la possibilità di riflettere ed esplorare la rilevanza e la penetrazione delle loro idee in ambiti in continua evoluzione come quelli della biotecnologia e delle scienze della vita. L'obiettivo è quello di creare un'atmosfera cooperativa che agevoli la *serendipity*, incoraggiando l'intersezione tra ambiti e competenze in modo da ottenere soluzioni e innovazioni dirompenti.

MESTIC

L'allevamento intensivo, in molte parti del mondo, satura il terreno con le sostanze chimiche che compongono il letame. Il governo olandese sta adottando una politica di maggiori restrizioni, incentivando forme di allevamento più ridotte e meno intensive.

Questo, tuttavia, non risolve il problema della sovrapproduzione di letame su scala globale, spingendo l'allevamento intensivo a migrare verso Russia e Cina, dove la spinta nazionale allo sviluppo economico mette in secondo piano le questioni etiche.

Dalla necessità di riutilizzare il letame bovino nasce Mestic, un materiale di risulta che trasforma il letame in una fonte, economica e innovativa, di bioplastiche e fibre di cellulosa. Mestic nasce dal dialogo con molti *stakeholder*: dai governi, ai contadini, agli ambientalisti. In questo modo, il valore creato si modella sulle loro esigenze. Jalila racconta così il processo e le difficoltà incontrate: «se vuoi convincere un contadino a essere sensibile all'ambiente circostante, ci deve essere un incentivo anche dal punto di vista economico. I contadini normalmente cercano di distruggere il letame, spesso bruciandolo, perché, nei Paesi Bassi, devono spendere 18 euro a tonnellata per disfarsene. Quando ho portato i primi campioni di letame bovino in laboratorio, ho notato che al suo interno ci sono alti livelli di cellulosa. La cellulosa è il materiale con cui si producono il cartone, la carta, ma si utilizza anche nell'edilizia e in ambito tessile. Abbiamo trovato una soluzione *win-win*: i contadini sono felici di sbarazzarsene a costo zero, mentre io ottengo gratuitamente la materia prima che, una volta processata, è di interesse per altre industrie». Il prezzo è un fattore determinante per l'introduzione di un materiale sostenibile nel mercato. Crescere il cotone è un'attività costosa, mentre il letame deve essere solo processato correttamente. Implementando Mestic si trasforma il problema dell'eccedenza di letame in una fonte sostenibile di materiali grezzi biodegradabili, originando così un'economia locale del letame. «Ho pensato: perché bruciare un bene che ha un valore? H&M ha messo in piedi un programma per sensibilizzare sull'alto livello di inquinamento prodotto dall'industria della moda. Partecipandovi ci siamo rafforzati nella convinzione che sia fondamentale introdurre nuovi materiali grezzi sostenibili e realizzabili su grande scala. Una grande soddisfazione è stato partecipare a una sfilata di moda presentando dei capi realizzati con questo tessuto». Mestic è un prodotto brevettato.

JALILA ESSAÏDI

Jalila proviene da una famiglia di imprenditori. La madre, casalinga, è felice quando vede i quattro figli a tavola, mangiare di gusto i piatti preparati con cura. Quella della famiglia di Jalila è una tavola affollata da amici e conoscenti: può trattarsi di imprenditori, scienziati oppure di artisti. Già da piccola impara a parlare con persone che hanno età ed esperienze diverse, persone che guardano il mondo da prospettive molto differenti. Non le piacciono i giocattoli, ma preferisce scoprire come funzionano gli oggetti che la circondano e la affascina il mondo esterno, soprattutto la natura, dove trascorre gran parte del tempo esplorando la materia di cui è composta. «Credo che la scienza sia proprio capire il funzionamento delle cose, e questa è un'attività che per me è cominciata fin da bambina, quando smontavo tutto pezzo per pezzo».

Da ragazza Jalila non pensa a una carriera in ambito scientifico, tuttavia le è chiaro di voler indagare e capire ciò che la circonda; che questo avvenga per mezzo della scienza, dell'arte o dell'insegnamento, per lei non fa differenza, perché sono solamente strade diverse per arrivare alla stessa destinazione: la conoscenza. «Non mi sono mai focalizzata su un ambito in particolare

NON MI SONO MAI **FOCALIZZATA** SU UN AMBITO IN **PARTICOLARE** PERCHÉ CREDO FERMAMENTE NEL POTERE DELLA **CONTAMINAZIONE.**

Ricordo quando una volta ho percorso i corridoi della scuola trascinandomi dietro un albero e sollevando l'indignazione degli insegnanti.
Per me le radici sono più interessanti delle foglie, quindi erano le radici quello che volevo mostrare ai miei compagni.

perché credo fermamente nel potere della contaminazione. Puoi ottenere qualsiasi qualifica al mondo, ma è più importante capire come vuoi spendere la tua vita».
Jalila è una studentessa testarda, che viene spesso mandata in presidenza perché contesta il modo in cui viene insegnata l'arte. «Ricordo quando una volta ho percorso i corridoi della scuola trascinandomi dietro un albero e sollevando l'indignazione degli insegnanti. Per me le radici sono più inte-

ressanti delle foglie, quindi erano le radici quello che volevo mostrare ai miei compagni », racconta ancora divertita. La sua critica verso quello che considera un modello rigido e standardizzato la porta a fondare un campus, BioArt Laboratories, dove applica la sua visione dell'insegnamento con lo sguardo rivolto al futuro. «Ai bambini piccoli in Olanda viene spesso data una scatolina di legno con all'interno oggetti di diverse forme. Per me la scatola è il vecchio sistema, mentre oggi ci sono tante forme nuove che non possono

Non mi sento una scienziata, un'artista o un'imprenditrice; mi sento come un essere umano che ha un'impresa o un laboratorio, e mi sento a mio agio interpretando tutte le parti. I ruoli cambiano a seconda dell'obiettivo e forse l'essere donna, in questo, mi garantisce una maggiore flessibilità.

essere contenute. Forse c'è bisogno di una nuova scatola, forse di una forma diversa. Di sicuro servono nuovi strumenti per affrontare le sfide contemporanee».

Mentre sta studiando arte, Jalila inizia a lavorare a una tela di ragno geneticamente modificata, che ben presto diventa una pelle umana a prova di pallottola. Così si iscrive all'università, solamente per studiare meglio la pelle. Si tratta di una scelta che segue una passione. Procede in modo erratico, approfondendo quello che le interessa, fondando società quando serve per creare un prodotto da portare sul mercato. «Cambio molti cappelli durante il giorno» racconta, «per cui non mi sento una scienziata, un'artista o un'imprenditrice; mi sento come un essere umano che ha un'impresa o un laboratorio, e mi sento a mio agio interpretando tutte le parti. I ruoli cambiano a seconda dell'obiettivo e forse l'essere donna, in questo, mi garantisce una maggiore flessibilità. Se devo sentirmi qualcosa, allora sono l'umano ibrido e curioso che vuole rendere questo mondo un posto più sano e più bello».

La rete di Inspidere è forse la cifra stilistica del suo modo di concepire l'imprenditoria-lità. Cercare le connessioni e le interdipendenze è in fondo il filo conduttore di tutte le sue imprese, così, in un mondo altamente individualistico, frammentato e specializzato, Jalila costruisce i ponti che collegano realtà separate. «È quello che succede con il letame, o con la tela di ragno. Trovare delle connessioni tra oggetti distanti è un'attività creativa, migliorativa. Non vivo di obiettivi ma seguo il mio cuore, con la testa sulle spalle ovviamente. Per me la cosa davvero importante è avventurarmi in nuovi mondi, esplorare gli orizzonti e collegare nuove iso-

> *Per me la cosa davvero importante è avventurarmi in nuovi mondi, esplorare gli orizzonti e collegare nuove isole. Spesso non so nemmeno dove mi porteranno i progetti a cui lavoro. Quando scelgo su cosa impegnarmi, lo faccio abbracciando l'avventura.*

le. Spesso non so nemmeno dove mi porteranno i progetti a cui lavoro. Quando scelgo su cosa impegnarmi, lo faccio abbracciando l'avventura». Jalila sottolinea l'importanza dell'ambizione, così come quella della passione. Anche la testardaggine, per lei, è un valore aggiunto, perché aiuta nella realizzazione della propria visione. Poliedrica, creativa, immaginifica, ama circondarsi di ragazzi curiosi, per questo sceglie di lavorare anche in ambito accademico. Partecipa a diversi gruppi di supporto femminile, dove le donne si confrontano, supportano, e anche festeggiano quando qualcuna ottiene un successo. «La cultura femminile tende a minimizzare le conquiste. In un mondo che sta cambiando, ma ancora troppo lentamente, penso sia importante aiutare le altre donne a costruirsi una rete di relazioni. Al giorno d'oggi è ancora una lotta, soprattutto se sei donna, non hai i capelli bianchi, e magari non sei nemmeno molto alta, come nel mio caso».

Le sue imprese e ricerche vengono finanziate dal settore pubblico e per mezzo dei numerosi premi vinti. Jalila, infatti, si tiene alla larga dai *venture capitalist*, ma non dai *business angel* che vogliano promuovere l'impatto sociale e la sostenibilità in un orizzonte temporale di lungo periodo.

Mette in guardia, infatti, dalla cultura degli unicorni e dalle crescite troppo rapide: «molte startup vengono cresciute come polli destinati al macello dopo pochi mesi di vita. Sono così gonfiati che morirebbero in ogni caso, anche se non venissero macellati. La vita di quel pollo è così infelice! Si tratta pur sempre del sogno di qualcuno, che viene venduto e poi fatto a pezzi. Io credo nei progetti a lungo termine, perché una parte importante dell'essere imprenditore ha a che fare con la costruzione di comunità. Con BioArt Village sto realizzando il mio sogno, mi circondo di persone giovani e brillanti che provengono da tutti gli angoli della terra, e in comune hanno il desiderio di cambiare il mondo».

WALBURGA
FRÖHLICH

ATEMPO

DICE DI SÉ

«Ho sempre fatto le mie scelte in autonomia. Le mie esperienze personali hanno tracciato il mio destino».

COSA LA MOTIVA OGNI GIORNO

«Per me è un'enorme soddisfazione ogni volta che un ragazzo nei nostri programmi ha successo, trova un lavoro e si sente indipendente. Quando lascerò il lavoro sarò serena pensando che quello che ho fatto ha senso».

DA DOVE NASCE L'IDEA

Secondo i dati della Commissione Europea, l'un percento della popolazione ha difficoltà cognitive permanenti. Circa un quarto di queste persone, in Austria e in Germania, riceve assistenza costante vivendo all'interno di specifici istituti o lavorando in una categoria protetta. Sono persone destinate a dipendere interamente dai servizi sociali, spesso durante tutto l'arco della loro vita. Gli esperti ritengono che, al contrario, circa un quinto dei destinatari dei servizi di assistenza, in Austria, potrebbe vivere e lavorare in autonomia, uscendo dal meccanismo assistenziale pubblico, mentre quasi un terzo potrebbe passare dall'assistenza istituzionalizzata a una domiciliare, nel medio termine, con un supporto durante la fase di transizione.

Uno studio condotto sulle persone con difficoltà di apprendimento mostra dati spesso ignorati, ad esempio che le stesse persone, messe di fronte a un libro scritto con un linguaggio semplice e accattivante, diventano molto più motivate a leggere ulteriori libri e qualcuno, addirittura, decide di scriverne uno lui stesso. L'apprendimento è quindi innanzitutto figlio della motivazione, e quest'ultima viene abilitata dall'accessibilità.

Walburga si confronta con la quotidianità di persone che dalla società vengono considerate incapaci di scegliere per se stesse anche le cose più semplici. Spiega così il suo pensiero, che è alla base di Atempo: «eravamo insoddisfatti dall'impatto dei servizi sociali sulla vita delle persone disabili, in particolare perché spesso il meccanismo assistenziale li mantiene in una situazione di dipendenza, invece di dar loro gli strumenti per emanciparsi».

Eravamo insoddisfatti dall'impatto dei servizi sociali sulla vita delle persone disabili, in particolare perché spesso il meccanismo assistenziale li mantiene in una situazione di dipendenza, invece di dar loro gli strumenti per emanciparsi.

L'**APPRENDIMENTO** È FIGLIO DELLA **MOTIVAZIONE**, E QUEST'ULTIMA VIENE ABILITATA DALL'**ACCESSIBILITÀ**.

La società nasce dopo molte discussioni, in primis con Klaus Candussi, allora CEO di Alpha Nova e oggi co-fondatore dell'azienda, ma anche con operatori, professionisti e organizzazioni. Atempo è frutto di un processo collettivo che, nella migliore tradizione di area germanica, coinvolge non solo i fondatori, ma anche molte altre persone con un interesse diretto nel settore.

L'apprendimento è un processo individuale, che viene uniformato dall'esigenza di costruire un sistema scolastico 'buono per tutti'. Ognuno di noi però ha trovato difficoltà di fronte ad alcuni contenuti, o materie. C'è chi ha problemi con la matematica, chi non riesce a visualizzare gli spazi, chi deve rileggere un testo molte volte, lentamente, per comprenderlo. Questo non solo è normale, ma è anche bello, perché riflette la nostra individualità, che passa attraverso tempi e bisogni del tutto personali.

Walburga usa un esempio quotidiano per raccontarlo. «Ognuno possiede scarpe diverse rispetto a molte altre persone, a seconda della misura del piede o della sua conformazione. È un fatto che ci sembra normale, mentre non abbiamo ancora ca-

pito che così come il piede, gli individui hanno anche diversi livelli di competenza e modi differenti di processare l'informazione ricevuta. Chi invia il messaggio lo fa in modo universale, senza adattare la comunicazione al destinatario. Noi abbiamo deciso di occuparci di questo: creare un nuovo design dell'informazione».

Ognuno possiede scarpe diverse rispetto a molte altre persone, a seconda della misura del piede o della sua conformazione. È un fatto che ci sembra normale, mentre non abbiamo ancora capito che così come il piede, gli individui hanno anche diversi livelli di competenza e modi differenti di processare l'informazione ricevuta.

RIPENSARE IL MESSAGGIO, NON I DESTINATARI

La società percepisce spesso gli individui con gravi difficoltà cognitive come incapaci di produrre pareri motivati circa i propri bisogni o interessi. Vengono allora per lo più trattati come destinatari passivi di un servizio. Se e quando viene loro chiesta un'opinione, è da parte di esperti non disabili e solo limitatamente alla loro soddisfazione soggettiva. Di conseguenza, i sondaggi sono generalmente poco utili per valutare effetti e qualità del servizio e, a causa della non trasparenza e dell'assenza di criteri misurabili, è difficile comparare o creare degli standard tra le istituzioni coinvolte.

Il risultato è che le persone con difficoltà cognitive ricevono un'assistenza che non corrisponde ai loro bisogni reali. Ad oggi, la maggior parte degli individui con disabilità di questo tipo vive all'interno di istituti dedicati, o, nei casi più gravi, viene ospedalizzata all'interno dei reparti psichiatrici, dove perde anche i diritti umani fondamentali. Un prerequisito, affinché queste persone possano partecipare alla società, è che siano messe in grado di capire il suo linguaggio e i codici comunicativi. Secondo uno studio dell'Unione Europea, il 40% della popolazione europea è in grado di comprendere solo testi semplici. Nonostante questo, la maggioranza delle pubbliche amministrazioni e delle aziende comunica in modo nettamente più complesso. Questo fenomeno, che viene detto 'analfabetismo funzionale', comporta una grave perdita di informazione e impedisce la partecipazione sociale di quasi la metà della popolazione europea.

È stato provato che le persone con difficoltà nell'apprendimento sarebbero in grado di capire molto di più, se la forma del messaggio fosse più comprensibile. Forse a volte manca la volontà di comunicare in modo chiaro.

«Il punto centrale» spiega Walburga, «è dare la possibilità di comprendere. Perché se non capisci quello che succede attorno a te, i tuoi diritti, i tuoi doveri, i messaggi della politica e della burocrazia, allora non sarai in grado di prendere delle decisioni consapevoli. La mancanza di informazione, poi, genera a sua volta una mancanza di fiducia. Ricordo un ragazzo di un nostro gruppo che diceva: 'noi possiamo imparare tutto. Semplicemente dobbiamo farlo al nostro passo, con il giusto materiale e un testo facile da leggere'.

Aveva ragione lui. È stato provato che le persone con difficoltà nell'apprendimento sarebbero in grado di capire molto di più, se la forma del messaggio fosse più comprensibile. Forse a volte manca la volontà di comunicare in modo chiaro. Direi che ha senso a questo punto cambiare prospettiva e affermare che non siamo tutti disabili. Chi non riesce a comunicare l'informazione in modo comprensibile, quello è il disabile».

Direi che ha senso a questo punto cambiare prospettiva e affermare che non siamo tutti disabili. Chi non riesce a comunicare l'informazione in modo comprensibile, quello è il disabile.

ATEMPO

Quando l'autonomia è una conquista

Missione:

-

Disegnare l'informazione per renderla accessibile al maggior numero possibile di persone.

Con alle spalle ormai vent'anni di esperienza nel settore, quasi cento persone nell'organico e oltre cinquecento che collaborano attraverso la fitta rete di partenariati, Atempo è un punto di riferimento, in Austria e non solo, per il design dell'informazione. Il suo prodotto, 'Capito', trae il nome dall'espressione italiana che viene ancora utilizzata in Stiria per significare che si è compreso il messaggio.

La società utilizza l'intelligenza artificiale per personalizzare l'informazione su tre livelli differenti, insegnando al computer come semplificare e riformulare un contenuto. «Strutturiamo i contenuti secondo gli ambiti tematici», spiega Walburga «perché abbiamo visto che il sistema lavora molto meglio in questo modo e, specialmente in alcuni ambiti, come le notizie dei quotidiani, devo dire che siamo diventati molto bravi». Il sistema viene istruito a partire dai dati raccolti manualmente durante vent'anni di attività, mentre i cicli di feed-back si sviluppano sia a livello sistemico, con i programmatori, sia attraverso dei gruppi di utilizzatori, che diventano essi stessi protagonisti del miglioramento del prodotto.

L'utilizzatore installa un'applicazione sul telefono, scegliendo tra i tre livelli linguistici proposti. L'informazione rimane sul *server* del mittente e il destinatario riceve un link, che può salvare sul suo telefono, dove visualizza la traduzione del messaggio. «In prospettiva, però», racconta Walburga «quando l'intelligenza artificiale avrà raggiunto un livello adeguato, si potrà scegliere di non scegliere, cioè sarà l'applicazione stessa a capire quale è il tuo livello e tradurre il contenuto automaticamente».

I clienti di Atempo sono le pubbliche amministrazioni, gli enti e le organizzazioni che scelgono di rendere l'informazione disponibile attraverso questa tecnologia. Non sempre però. «A volte ci interfacciamo anche con il settore privato, quando ci sono aziende che vogliono rendere i propri messaggi comprensibili per gli stessi dipendenti. Non si tratta in questo caso di persone con disabilità, sono persone comuni che hanno bisogno di capire completamente le informazioni in ambiti di loro interesse come la salute e la sicurezza, oppure la maternità o i programmi internazionali».

L'alfabetizzazione funzionale non può essere data per acquisita. È stato dimostrato infatti che la capacità di lettura viene compromessa dalla disabitudine nell'arco di circa 3-4 anni. Si tratta quindi di competenze variabili che possono essere perse o, al contrario, migliorate.

Atempo presenta tre caratteri distintivi rispetto alle altre aziende sul mercato. Il primo consiste nel processo utilizzato. Il miglioramento del prodotto infatti avviene attraverso dei cicli di feed-back in grado di rendere il sistema continuamente dinamico. La seconda caratteristica è l'autodeterminazione dell'utente rispetto al livello di difficoltà linguistica prescelto. La terza è il fatto che fin dall'inizio è stata stabilita un'estesa rete di collaborazione con organizzazioni e associazioni in varie regioni. Il modello di business prevede il pa-

Alcuni dati

Fondata:
-
2000

Dimensioni:
-
980 prodotti e servizi offerti

558 tra clienti e partner

617 persone lavorano a Capito. Nel 2019 il prodotto ha raggiunto 1,8 milioni di utenti

gamento di una quota, da parte dei partner, che va a finanziare il servizio e la ricerca. Walburga ha preferito evitare la creazione di un'organizzazione massiccia e territorialmente diffusa, collaborando invece con esperti del settore locali e dando vita ad un modello di crescita fortemente cooperativo. La sua prossima sfida è quella di tradurre la tecnologia in altre lingue oltre alle due attualmente presenti, che sono il tedesco e l'inglese.

Atempo presenta tre caratteri distintivi rispetto alle altre aziende sul mercato.

- Il miglioramento del prodotto avviene attraverso dei cicli di feedback in grado di rendere il sistema continuamente dinamico.

- L'utente sceglie in autonomia il suo livello di difficoltà linguistica.

- Fin dall'inizio è stata stabilita un'estesa rete di collaborazione con organizzazioni e associazioni in varie regioni.

LA SORDITÀ DI SCIENZA E IMPRESA

«Ad essere sincera portare gli scienziati nell'economia è ancora davvero un problema, e questo per la grande distanza tuttora esistente tra il mondo dell'impresa e quello della ricerca. Sono come due bolle tra le quali è posto il vuoto, che impedisce a ogni suono di raggiungerle. Infatti c'è molta ricerca di alto livello, ma il suo *output* nell'economia reale è molto basso, perché gli scienziati hanno generalmente scarse competenze di business, mentre le persone operanti nelle imprese non trovano collegamenti adeguati ed efficaci con l'università. Questa grande distanza tra i due mondi è sicuramente un problema attuale e una grave perdita per tutti. Secondo me non è neanche un problema culturale, quanto una questione di mentalità».

I FINANZIAMENTI IN AUSTRIA

Il sistema finanziario austriaco è risaputamente molto tradizionale e offre pochi fondi per chi fa innovazione. «Soprattutto all'inizio, ottenere finanziamenti per un'impresa sociale è stato complicato, perché domina la convinzione che un'azienda con il focus sul sociale non sia profittevole. Per avere una possibilità di finanziarci, abbiamo dovuto noi imparare a parlare il linguaggio delle banche. Nonostante ciò, se hai il potere di sviluppare dei cambiamenti, di questi tempi dovresti farlo. È un tale peccato vedere così tanti giovani che hanno un grande potenziale e non lo sfruttano. Io non ci sarò più tra una ventina d'anni, ma voi avete tanto di quel tempo! Dovreste andare per il mondo e fare qualcosa, non solo per voi, ma soprattutto per i vostri figli».

WALBURGA FRÖHLICH

Walburga nasce in Austria, nella Stiria rurale, in un'area senza asilo e in una casa senza televisione. In famiglia c'è un prozio anziano e sordo, eppure viene considerato una persona come gli altri, con i suoi compiti e le sue responsabilità. «Nessuno parlava mai della sua sordità. In quella famiglia lui era semplicemente Hans. Questo è stato l'esempio che ho ricevuto di inclusione».

In prima elementare, a causa del pesante accento e del dialetto parlato in casa, la principale difficoltà di Walburga consiste nel capire la lingua ufficiale, il tedesco. I suoi genitori e il sistema scolastico tuttavia la supportano molto, rendendole possibile l'inserimento. Delle difficoltà dei primi anni dice: «ogni inizio può portarti dove vuoi. Non è necessario avere tutto da piccoli».

Il suo primo amore, all'età di diciassette anni, è per la chimica. Durante l'estate tuttavia lavora all'interno di un istituto svizzero per i disabili adulti. È un punto cruciale nella sua vita. Walburga è una giovane ragazza, eppure, come racconta, «dovevo decidere tutto per loro, se era il momento di andare a letto, cosa dovevano guardare alla televisione, se potevano andare in giro per la città. E questo semplicemente perché erano stati etichettati come persone con una disabilità. Io sono stata abituata fin da piccola a fare la mie scelte in autonomia e mi sono resa conto della differenza tra la mia vita e la loro, e del livello all'autodeterminazione che io avevo e che a loro veniva negato. Era sicuramente una situazione molto diversa rispetto a quella in cui ero cresciuta perché lo zio Hans, seppur sordo, per noi non era un disabile, era solo una persona come noi. Non mi piaceva quello che avevo

In retrospettiva, alla fine, quell'evento è stato importantissimo per me non solo dal punto di vista personale, ma anche da quello lavorativo; la forza che sentivo in quel periodo è ancora dentro di me, perché so in cuor mio di poter gestire anche le crisi e le grandi difficoltà.

visto nell'istituto e per questo ho deciso di studiare scienze sociali. Era un mondo che volevo approfondire».

Walburga si iscrive all'Università di Graz. È una studentessa come tante, 'un po' hippie', dice scherzando. A vent'anni rimane incinta per errore. La sua vita cambia radicalmente perché da allora non deve provvedere solamente a se stessa, ma anche a suo figlio. «In quel momento è stata l'interruzione di tutti i miei sogni», racconta, «ma il senso di responsabilità, e quel che ne è conseguito, mi hanno resa una persona diversa. A una ragazza oggi direi che non si può pianificare tutto nella vita. Talvolta succedono cose imprevedibili ed è importante capire che, dietro ogni evento inaspettato, c'è sempre l'occasione per migliorarsi e diventare più resilienti. Per questo motivo è fondamentale fare ciò che senti, e non quello che ritieni importante da un punto di vista lavorativo, sennò non avrai l'energia giusta per gestire la tua vita con successo. In retrospettiva, alla fine, quell'evento è stato importantissimo per me non solo dal punto di vista personale, ma anche da quello lavorativo; la forza che sentivo in quel periodo è ancora dentro di me, perché so in cuor mio di poter gestire anche le crisi e le grandi difficoltà».

Le esperienze personali di Walburga ne tracciano il destino. Il filo conduttore sta nell'autonomia decisionale, che separa spesso la sua vita da quella di chi aiuta. Ogni giorno incontra le persone che utilizzano la sua tecnologia. «C'è un dipartimento» racconta «dedicato alla formazione di giovani con difficoltà di apprendimento. Per me è un'enorme soddisfazione ogni volta che un ragazzo nei nostri programmi ha successo, trova un lavoro e si sente indipendente. Quando lascerò il lavoro sarò serena pensando che quello che ho fatto ha senso».

La sua prossima sfida, da un punto di vista lavorativo, è quella di spostarsi sul lato gestionale dell'impresa, contattando investitori e ottenendo finanziamenti. È un ambito che la incuriosisce, essendo diverso rispetto a ciò a cui è normalmente abituata.

Le chiedo quale sia la situazione per una donna che innova nel suo Paese. «In Austria» risponde Walburga «non si fa granché per le donne, e ancor meno per le donne in ambito scientifico. In Spagna, ad esempio, c'è un programma dedicato, ma quando ho vinto il premio dell'Unione Europea, nessuno qui lo ha riconosciuto o valorizzato. Questi non sono argomenti di interesse nel mio Paese, probabilmente anche a causa del brutto rapporto dell'Austria con l'Unione Europea, per cui non ci si vuole identificare con le iniziative promosse a livello sovranazionale. Per altri versi posso anche dire che vent'anni fa, quando abbiamo avviato l'impresa, essere una donna non era per nulla semplice, mentre sento che adesso la situazione è cambiata. Ora il mio co-fondatore, che è sempre stato in prima linea per l'equalizzazione del genere, ogni tanto si trova a essere lui stesso quello discriminato, perché tutti vogliono l'innovatrice donna per un'intervista o per un evento. D'altro canto, i panel sono sempre così grigi, che serve un po' di colore!»

JOSEFIEN
GROOT

QLAYERS

DICE DI SÉ

«Non sono una specialista e non aspiro a diventarlo. Non ho mai pensato di prendere un dottorato perché non potrei studiare un unico argomento per quattro anni».

COSA LA MOTIVA OGNI GIORNO

«Ho un'azienda che mi rispecchia, costruita attorno a me, alle mie idee e un gruppo di venti persone che ogni giorno lavorano per avere un impatto positivo sul mondo. Assicurarsi che loro stiano bene e siano soddisfatti rappresenta per me il vero obiettivo, perché un modello virtuoso si implementa a partire dalla felicità di chi ci lavora».

DA DOVE NASCE L'IDEA

Fin dalle prime battute dell'intervista, appare chiaro che Josefien non si identifica con la figura della scienziata. «Non sono una specialista e non aspiro a diventarlo. Non ho mai pensato di prendere un dottorato perché non potrei studiare un unico argomento per quattro anni». Dell'accademia rifugge soprattutto l'isolamento, incarnato da tutta la ricerca apparentemente destinata a non trovare applicazione.

Josefien è pratica, concreta, e ama farsi domande a cui può rispondere. Ciò che le piace della scienza, infatti, è proprio la sua capacità di offrire soluzioni a una varietà di problemi. «Quando incontro una teoria o uno studio», racconta «la mia domanda è sempre: cosa me ne faccio? Se non riesco a trovarne un utilizzo, automaticamente me ne disinteresso. Il punto di partenza della mia impresa è stato un problema sociale, quello della sostenibilità energetica. Di fronte a me vedevo due strade: cercare di cambiare l'atteggiamento delle masse, cioè agire sotto un profilo culturale, il che richiede tempi lunghissimi, oppure utilizzare la tecnologia per trovare delle soluzioni vera-

mente nuove. Penso comunque che, qualunque approccio si scelga, la tecnologia e la scienza costituiscano oggi un punto di partenza imprescindibile per ogni forma di miglioramento sociale».

Josefien, figlia di imprenditori olandesi e da sempre affascinata dallo studio dei sistemi complessi, sfida il cambiamento climatico innovando processi industriali tradizionali con l'obiettivo di ridurre l'impatto dell'attività umana. Ad ispirarla sono la natura e l'ambiente circostante, fatto di relazioni e

> *Di fronte a me vedevo due strade: cercare di cambiare l'atteggiamento delle masse, cioè agire sotto un profilo culturale, il che richiede tempi lunghissimi, oppure utilizzare la tecnologia per trovare delle soluzioni veramente nuove.*

connessioni, pregno di un'intelligenza funzionale.

«Il mondo animale, evolvendosi continuamente per rispondere alle sfide ambientali, ci mostra soluzioni eleganti e avanzate che la nostra tecnologia, quello che orgogliosamente chiamiamo progresso, tenta solo goffamente di replicare». Josefien, attraverso l'attività di Qlayers, sta creando un ponte attraverso il quale trasferire le caratteristiche del mondo animale alla realtà industriale, e, più specificamente, al settore dei rivestimenti, ad oggi ancora altamente inefficiente.

IL MONDO ANIMALE, **EVOLVENDOSI** CONTINUAMENTE PER RISPONDERE ALLE **SFIDE** AMBIENTALI, CI MOSTRA **SOLUZIONI ELEGANTI** E AVANZATE CHE LA NOSTRA TECNOLOGIA TENTA SOLO GOFFAMENTE DI **REPLICARE**.

NATURA, SUPERFICIE, FUNZIONE

Pensiamo al primo contatto che abbiamo con un oggetto. La nostra relazione è, anzitutto, visiva. Se fossimo più precisi, dovremmo anche dire che noi non vediamo l'oggetto, quanto il suo involucro. La superficie, come la nostra pelle, è il punto di contatto tra un corpo e il mondo esterno. Spesso viene ricoperta da altri materiali, pensiamo alle vernici o alle stampe, la cui funzione è nella quasi totalità dei casi estetica. Ci limitiamo, in fondo, a dipingere o al massimo a proteggere la superficie dall'aggressione degli agenti atmosferici. In natura, al contrario, le funzioni svolte dai rivestimenti occupano uno spettro molto più ampio. Sono molteplici gli esempi esistenti nel mondo animale: i pinguini possiedono piume antigelo che li isolano dal freddo anche in condizioni termiche estreme, e in particolare il pinguino imperatore è in grado di intrappolare aria fra le piume, così raddoppiando o triplicando la sua velocità in acqua. La fragile struttura delle ali di una farfalla è un altro magnifico esempio. L'ala della farfalla è infatti composta da scaglie sovrapposte come le tegole di un tetto, che catturano la luce solare scaldando il piccolo insetto con incredibile efficienza; questo fenomeno è oggi di grandissima attualità, venendo studiato dai ricercatori che aspirano a migliorare la produzione di idrogeno a partire dall'acqua e dalla luce solare.

Per finire la breve rassegna, la pelle degli squali, attraverso le sue scanalature, rende possibile all'animale lo spostamento in acqua con un attrito fortemente ridotto. Qlayers parte proprio dall'osservazione di questo fenomeno per sviluppare una tecnologia che, riducendo l'attrito superficiale nei corpi che scorrono in fluidi, permette un sostanziale efficientamento energetico.

QLAYERS

Come la pelle dello squalo

Missione:

-

Utilizzare i riblet nell'industria dei rivestimenti.

L'azienda nasce nel 2017 da un'idea dell'allora vicino di stanza di Josefien, Ruben Geutjens, oggi co-fondatore di Qlayers. Ruben è un ingegnere dei materiali appassionato di tecnologia, mentre Josefien ha appena venduto 'Yogachicks', un'azienda che produce abbigliamento per lo yoga, e sta cercando nuovi progetti che abbiano a che fare con l'efficientamento energetico, un ambito che da sempre la appassiona. Josefien, seppure interessata alle ricerche di Ruben, inizialmente pensa ad una collaborazione sporadica. Tra i due però nasce presto un'amicizia e le idee di Ruben vengono sviluppate con Josefien, portando in breve tempo alla creazione di un progetto d'impresa.

Qlayers, come si è detto, trae ispirazione dalla pelle degli squali e sviluppa quest'adattamento morfologico nell'ambito dei rivestimenti industriali. Gli squali da caccia, come ad esempio il grande squalo bianco e lo squalo martello, sono ricoperti da squame che hanno dei sottili solchi rialzati, i *riblet* (microscanalature). Le microscanalature, alte un paio di millimetri, sono poi allineate lungo delle righe, o rughe, che scorrono in senso longitudinale lungo tutto il corpo dello squalo. Diversi esperimenti hanno dimostrato che i *riblet*, variando nel loro spessore e nella profondità a seconda della parte del corpo dello squalo, che è soggetta ad una velocità e ad un attrito locali, sono in grado di modificare il flusso nello strato superficiale (il cosiddetto 'strato limite'), riducendo significativamente la resistenza aerodinamica. Lo squalo può quindi nuotare più velocemente a fronte dello stesso consumo di energia oppure, guardando da un'altra prospettiva più interessante dal punto di vista dell'applicazione industriale, viaggiare alla stessa velocità consumando meno energia.

Josefien e Ruben riproducono questo modello naturale disegnando delle microstrutture per la pittura che viene applicata ad un corpo metallico. Adattando la tramatura alle varie zone, i due imprenditori riescono a ottenere un elevato grado di flessibilità nella definizione rispetto alle diverse superfici. La loro applicazione garantisce una significativa riduzione dell'attrito e si presta ad essere utilizzata sul corpo morto delle navi cargo, sulle pale eoliche, sui silos e sugli aerei, ma si adatta in realtà più in generale all'applicazione su qualsiasi superficie che si muova attraverso un fluido.

L'idea della scanalatura non è nuova, tuttavia è da sempre ritenuta inadatta all'utilizzo industriale a causa proprio della scarsa flessibilità nell'applicazione delle scanalature, anche perché il processo attualmente in uso per il rivestimento delle superfici metalliche è ancora prevalentemente manuale. Per Qlayers, un'applicazione imprecisa, o una sovrapposizione di strati di vernice, determinano una significativa riduzione dell'impatto dei *riblet*, rendendo inefficace la tecnologia sviluppata. Josefien e Ruben quindi non si rassegnano e lavorano su altri fronti per superare anche questi ostacoli. Oltre alla microstruttura, entrano così nel mercato della robotica, ideando e producendo '10Q', il primo robot per la verniciatura in grado di applicare la pittura rispettando la tramatura con un'accuratezza molto maggiore rispetto all'applicazione

Alcuni dati

Fondata:
-
2017

Finanziamenti:
-
€3,3Mln

Dimensioni:
-
20 dipendenti

manuale.

L'ambizione di Josefien, tuttavia, trascende il settore dei rivestimenti e si estende a comprendere tutto il mercato energetico in un'ottica di efficientamento. Ad oggi, ci racconta, Qlayers è riuscita a sviluppare il prodotto attraverso i quasi due milioni di euro provenienti da donazioni, clienti, partner, mutui bancari, premi e riconoscimenti (l'ultimo è il Rising Innovators della Commissione Europea), senza aprire nessun round di investimento. «Siamo fortunati perché la situazione in Olanda è molto positiva», racconta Josefien, «tuttavia il sistema, tendenzialmente socialista, fa sì che il finanziamento pubblico funzioni molto meglio di quello privato. L'aspetto negativo è che accedere al capitale privato è molto più complicato e si rischia di perdere metà delle quote societarie durante i vari round a causa della minore competizione tra i *venture capitalist*. Anche per questo motivo abbiamo aspettato prima di lanciare il round di finanziamenti. In realtà i vantaggi del restare 'piccoli' sono diversi: un'azienda snella permette anche maggiore reattività, è più gestibile ed è in grado di adattare rapidamente la sua strategia. Nelle imprese di grandi dimensioni questo è impensabile: cambiare direzione al timone non è per nulla banale. Ormai però siamo a un punto in cui abbiamo bisogno di crescere in fretta. Se potessi, però, eviterei volentieri di farmi finanziare».

L'aspetto negativo è che accedere al capitale privato è molto più complicato e si rischia di perdere metà delle quote societarie durante i vari round a causa della minore competizione tra i venture capitalist. Anche per questo motivo abbiamo aspettato prima di lanciare il round di finanziamenti.

JOSEFIEN GROOT

«Alle elementari ero brava in matematica», racconta «ma al liceo il mio interesse non era più per la scienza, forse anche per colpa di un brutto rapporto con il professore di fisica, che mi aveva etichettata come pigra e sognatrice. Così mi sono dedicata al disegno e allo sport».

Quella per lo sport è una passione che Josefien prende molto seriamente. Nel 2012 è campionessa nazionale di boxe, mentre si classifica terza alle gare nazionali di pesistica. La boxe rimane al centro del suo mondo anche durante l'università, che frequenta senza troppo impegno. Josefien studia scienze e innovazione, con un interesse più marcato verso le discipline applicate e un focus sul settore energetico e sul problema irrisolto della sostenibilità ambientale.

«Il cambiamento climatico rappresenta sicuramente la più importante sfida per la nostra generazione», commenta Josefien a tal proposito, «però non possiamo aspettarci dai Paesi in via di sviluppo che rinuncino alla loro crescita, anche se replicarla nel modo in cui è avvenuta da noi sarebbe insostenibile dal punto di vista delle risorse naturali. Siccome non possiamo impedire loro di crescere, l'unica possibilità è quella di sviluppare tecnologie per limitare l'impatto ambientale. Nei Paesi in via di sviluppo bisogna cercare di far leva sull'energia solare e su quella eolica. Oggi ci sono nuovi problemi connessi al progresso, rispetto ai quali dobbiamo trovare nuove soluzioni».

> *Alle elementari ero brava in matematica, ma al liceo il mio interesse non era più per la scienza, forse anche per colpa di un brutto rapporto con il professore di fisica, che mi aveva etichettata come pigra e sognatrice. Così mi sono dedicata al disegno e allo sport.*

Durante la laurea triennale Josefien si interessa ai sistemi complessi, studia in particolare quelli energetici, come si ottimizzano da un punto di vista tecnico ma anche come si correlano tra loro in una prospettiva sociale. La sua energia viene però sempre spesa su diversi fronti: è un'atleta professionista, fonda 'Yogachicks', fa parte di 'Female Ventures', un'associazione di networking per le donne imprenditrici. Arrivata al momento di scegliere la magistrale, è incerta se proseguire nello studio dei sistemi complessi o iscriversi a scienze politiche. Racconta così quel periodo: «il mio era probabilmente un desiderio motivato da una forte dose di idealismo. Poi però mi sono anche interrogata su quale fosse il mio carattere e mi sono detta: ho la pazienza di aspettare tutto quel tempo per vedere un risultato? La risposta è stata no. La tecnologia è veloce, mi si adatta meglio. Così ho deciso».

Sebbene sia nata in una famiglia di imprenditori (il padre, il nonno, e anche altri parenti sono capi d'azienda), all'inizio Josefien non si vede in quella veste. Tuttavia riconosce in sé il carattere generalista, senza propensione all'approfondimento di una tematica specifica, per lei indicatore di un'attitudine all'imprenditorialità. «Ritengo che la chiave del successo sia tutta nella consapevolezza circa ciò che siamo e nell'atteggiamento circa ciò che vogliamo. Tempo fa stavo studiando una ricerca che sottolineava la differenza tra i manager e gli imprenditori. Questi dovevano esprimere un giudizio sulle loro competenze e mi ha colpito vedere come gli imprenditori si attribuissero tutti nove e dieci, cioè delle competenze altissime, mentre i manager si attribuivano un livello di conoscenza molto più basso. Mi sono chiesta a lungo cosa accomuni gli imprenditori. Oggi, forse, direi la rapidità di pensiero e nel processo decisionale, unite all'assenza di

> *Ritengo che la chiave del successo sia tutta nella consapevolezza circa ciò che siamo e nell'atteggiamento circa ciò che vogliamo.*

specializzazione, così come la propensione al *problem solving*. Però per me l'imprenditore, e qui torno alla questione dei voti, è soprattutto colui che cerca il modo per realizzare la sua idea, distinguendosi per il coraggio e la convinzione in quello che fa, anche perché non sempre la realtà attorno è semplice. Un buon imprenditore pensa alle soluzioni mentre tutti vedono i problemi. Per questo deve convincersi lui per primo che ce la può fare».

Josefien, contrariamente a quel che affer-

> *Conosco così tante persone che dicono: 'vorrei iniziare un'impresa' e però poi non lo fanno. Non nascondiamoci dietro a un dito! I soldi non sono il problema, mentre il segreto sta tutto nel suddividere gli ostacoli in sotto-problemi minori.*

ma, negli anni non ha perso il suo idealismo. Cita ancora con fierezza Steve Jobs: 'le persone che credono di poter cambiare il mondo sono coloro che lo fanno'. Per lei non c'è spazio per i dubbi e infonde in chi l'ascolta la necessità della presa in carico, dell'azione diretta. «Conosco così tante persone che dicono: 'vorrei iniziare un'impresa' e però poi non lo fanno. Non nascondiamoci dietro a un dito! Il problema non sono i soldi, il segreto sta tutto nel suddividere gli ostacoli in sotto-problemi minori. Anche senza denaro puoi scrivere un *business plan*, oppure utilizzare i tuoi risparmi per i primi investimenti, o ancora studiare, fare ricerca, chiedere al tuo professore se puoi utilizzare il laboratorio per degli esperimenti. Per cominciare bisogna smontare il muro in tanti piccoli mattoni. Ad esempio se vuoi produrre delle tazze, parti dal cercare un'azienda che già produce quelle tazze. Puoi ottenerle per un prezzo più basso? Collaborare con loro? Quali aree della tua azienda sono necessarie? Quali migliorabili? Quali rinunciabili?»

Josefien racconta di essersi sentita anche lei intimorita, all'inizio, ma ha imparato a gestire il rischio del fallimento e il premio è davanti a lei ogni giorno. «Ho un'azienda che mi rispecchia, costruita attorno a me, alle mie idee, un gruppo di venti persone che ogni giorno lavorano per avere un impatto positivo sul mondo. Assicurarsi che loro stiano bene e siano soddisfatti rappresenta per me il vero obiettivo, perché un modello virtuoso si implementa a partire dalla felicità di chi ci lavora».

Le chiedo con curiosità quale sia il suo prossimo obiettivo. Mi mostra le curve sotto al maglione, che non avevo ancora notato. Josefien è all'ottavo mese di gravidanza. Si sta preparando a lasciare l'azienda e lavorare da casa, ma – ci tiene a precisare – anche a prendersi del tempo per sé, per cui sta allenando la squadra affinché possano andare avanti in serenità in sua assenza. Questa forse è la sua più grande sfida: lasciare le redini a qualcun altro.

Josefien, che lavora a contatto con industrie ancora prevalentemente maschili, si rende conto che la presenza delle donne è ancora molto limitata. «Ce ne sono poche, e quelle poche, non sembrano proprio tali.. ». commenta sorridendo. «La mia parte femminile probabilmente sta proprio nel prendermi cura della squadra e del benessere di tutti. Tuttavia la dominanza maschile è una realtà, e tutt'oggi quando ricevo delle *application* o faccio dei colloqui, la maggior parte degli intervistati sono uomini, specialmente quando si tratta di ruoli molto tecnici in ambito ingegneristico».

Anche nel loro team le donne sono presenti solamente in ruoli tipicamente più femminili, come ad esempio le risorse umane, oppure il marketing e la comunicazione. «Non si tratta di pregiudizi o di stereotipi» spiega Josefien «ma di reale disponibilità sul mercato di certe risorse. Ciò non toglie che ci sia sicuramente bisogno di più donne, soprattutto negli alti livelli aziendali, dove in generale vige ancora una visione egoistica, mentre nella mia esperienza personale le donne sono più generose in generale, forse perché sono abituate a sacrificare qualcosa di sé per prendersi cura dell'altro. Credo però allo stesso tempo che bisognerebbe riconoscere le differenze strutturali tra donne e uomini e semplicemente accettarle».

MARIA-PAU
GINEBRA

MIMETIS

DICE DI SÉ

«Non mi reputo una donna d'affari. Sono solo una studiosa che ama la ricerca e vuole avere il controllo sulla sua scoperta».

COSA LA MOTIVA OGNI GIORNO

«La passione per la ricerca e per l'insegnamento, gli strumenti attraverso i quali acquisisco e trasmetto la mia conoscenza».

DA DOVE NASCE L'IDEA

La protesi è un dispositivo artificiale che viene aggiunto al corpo umano in sostituzione di una parte mancante o danneggiata e può essere realizzata in serie (come nel caso delle valvole cardiache) o su misura (per esempio quelle ortopediche o dentali). «Un medico può operare essenzialmente in tre modi» spiega Maria-Pau. «La prima possibilità è quella di estrarre un frammento osseo del paziente e inserirlo nella parte dove si rende necessario. Un'alternativa molto diffusa è quella di utilizzare ossa animali, ad esempio bovine. Questo solleva interrogativi etici, perché esistono alternative sintetiche, ed è rischioso anche sotto il profilo della possibile trasmissione di malattie dall'animale all'uomo. C'è quindi un numero sempre crescente di pazienti che preferiscono ricevere un impianto sintetico, che è infatti la terza opzione».

Il mercato si sta quindi progressivamente spostando verso l'utilizzo di materiali sintetici, tra i quali i materiali 'bio inspired' rappresentano la frontiera dell'innovazione nel settore protesico.

I sostituti di innesto osseo sono generalmente inadatti a soddisfare la richiesta di rigenerazione. Con parole semplici, questo significa che l'impianto non interagisce con l'ossatura esistente e si possono creare delle infiammazioni o dei rigetti, perché il corpo identifica la componente come estranea. Una branca della medicina protesica affronta questa sfida supportando la ricerca e la sperimentazione di materiali 'bio-mimetici', che, oltre ad avere la stessa composizione minerale delle ossa, vengono prodotti replicando il meccanismo di formazione naturale nel corpo. Maria-Pau Ginebra, assieme al suo gruppo di ricerca dell'Università Politecnica di Catalogna, sviluppa un materiale bio-mimetico minerale, a base di fosfato di calcio. Il mercato maxillofacciale e degli impianti dentali rappresentano il punto di partenza ideale per commercializzare i granuli di 'MimetikOss', il materiale osseo mimetico che è il cuore dello *spin-off* Mimetis.

BIO-MIMESI

Da sempre l'essere umano trova nella natura molte risposte a problemi che oggi classifichiamo come ingegneristici. La natura infatti, attraverso l'adattamento evolutivo portato avanti dal processo di selezione naturale, mette in atto meccanismi sofisticati, ad esempio per auto-guarirsi, resistere e tollerare l'esposizione atmosferica, respingere l'acqua o lo sfruttare l'energia solare.

Anche nella storia della scienza troviamo illustri esempi di bio-mimesi, come le 'macchine volanti' di Leonardo da Vinci, frutto mai maturato delle osservazioni sul volo degli uccelli, e più recentemente ad esempio il tetto del Crystal Palace di Londra, la cui struttura trae spunto dalle caratteristiche della *Victoria Amazonica* per fornire leggerezza e massimizzare l'esposizione al sole. Un altro oggetto, stavolta di uso comune, è il velcro. Brevettato a metà Novecento dall'ingegnere svizzero George de Mestral, l'innovazione imita i fiori della bardana, in grado di attaccarsi ai tessuti attraverso un meccanismo di uncini posti in superficie.

Possono esserci due direzioni fondamentali per l'innovazione derivata dalla natura: la prima procede dall'osservazione di un fenomeno biologico e cerca di applicarne i meccanismi in ambito industriale; la direzione speculare, invece, parte da una sfida di progettazione di un artefatto umano e ricerca la soluzione nel mondo naturale.

Coniato dal poli-matematico americano Otto Schmitt, il termine 'bio-mimetica' è degli anni Cinquanta e vuole identificare una direzione, che è anche un metodo: quello che va dalla natura verso la tecnologia. La bio-mimesi è quindi l'emulazione di modelli, sistemi ed elementi naturali, con l'obiettivo di risolvere problemi umani complessi. Nell'ambito della tecnologia dei materiali, la bio-mimesi consiste nel riprodurre il processo naturale di formazione di un materiale. È un approccio molto diverso rispetto a quello classico, perché invece di sfidare i limiti della natura, gli scienziati sfruttano la tecnologia esistente per giocare secondo le sue regole.

Mimetis adotta questo *modus operandi* e innova il mercato biomedicale con un nuovo composto per impianti ossei.

MIMETIS

Ricreare secondo natura

Spin-off dell'Università Politecnica della Catalogna

Missione:

-
Creare materiali ispirati alla natura per la rigenerazione ossea.

Spin-off dell'Università Politecnica della Catalogna, l'azienda lavora principalmente in ambito dentistico. Il suo prodotto principale è 'MimetikOss', dei granuli di fosfato di calcio attraverso i quali è possibile rigenerare le ossa.

Nata dal gruppo di ricerca in Biomateriali, Biomeccanica e Ingegneria dei Tessuti (BBT) capitanato da Maria-Pau Ginebra, la società ha impiegato tre anni, dal momento della sua costituzione, per arrivare sul mercato. «Avviare un'impresa nel settore medico» spiega Maria-Pau «è sempre molto complesso, principalmente a causa della mole di regolamentazione che deve essere gestita. Nella società, attualmente, lavorano dieci persone e una buona parte di queste si occupa di regolamentazione». La compagine aziendale infatti è molto tecnica, al contrario del gruppo di ricerca, interno all'università, che comprende trenta ricercatori tra cui biologi, chimici e ingegneri.

Quando all'inizio c'è bisogno di capitali per avviare i *trial*,

> "
> *Avviare un'impresa nel settore medico è sempre molto complesso, principalmente a causa della mole di regolamentazione che deve essere gestita.*
> "

dentisti e chirurghi maxillofacciali finanziano per primi il progetto. Si tratta di un investimento intelligente, quello che gli anglosassoni chiamano *smart money*, perché lo sviluppo di un prodotto viene promosso dallo stesso mercato che ne è destinatario.

All'interno delle ossa sono presenti delle cellule che distruggono il vecchio materiale osseo sostituendolo con tessuto nuovo. È un processo che avviene continuamente nel nostro corpo, producendo naturalmente sostanza ossea alla temperatura di circa trentasette gradi. L'approccio classico di fronte a un difetto osseo è quello di riempire la zona lacunosa direttamente con i granuli di fosfato di calcio, che mescolati con il sangue del paziente formano una sorta di pasta morbida. Mimetis produce i granuli che possono essere direttamente applicati nella sede di erosione ossea.

Sul mercato esistono granuli di fosfato di calcio, con una composizione simile a quella di Mimetis, che vengono prodotti in forno ad alte temperature. L'innovazione di Mimetis sta proprio nella bio-ispirazione del materiale. La differenza tra i due composti è invisibile all'occhio umano, ma nel dettaglio si osserva che il fosfato di calcio prodotto dal corpo, rispetto a quello sintetico tradizionale, ha una struttura molto più frammentata, formata da piccolissimi cristalli intrecciati tra loro, che conferisce anche una diversa porosità al materiale finale. Imitando il processo naturale di formazione ossea si ottiene un risultato straordinario:

Alcuni dati

Fondata:
-
2013

Finanziamenti:
-
€981.000 da parte di investitori privati, principalmente opinion leader nel settore dentale e ortopedico.

€2,5Mln sotto forma di sovvenzioni da parte di UE e Spagna.

Mimetis ha avviato un terzo round di investimenti.

le cellule del corpo riconoscono il materiale come naturale. Il sangue allora vi scorre attorno liberamente, senza infiammarsi, e l'innesto viene colonizzato da altro tessuto osseo prodotto dall'organismo. «Forse un giorno avremo la capacità scientifica di produrre impianti organici», commenta Maria-Pau, «un'imitazione perfetta del nostro corpo, ma secondo me questo non è nemmeno necessario perché il collagene, cioè la componente organica, viene prodotto naturalmente. Basta una morfologia simile a quella umana per ottenere la piena assimilazione del componente. Siamo stati in grado di mostrare che il nostro corpo è in grado di trasformare 'MimetikOss' in struttura ossea in tempi molto più ridotti rispetto ai materiali sintetici tradizionali».

Il passo successivo per l'azienda è creare un impianto personalizzato, che abbia esattamente la forma della lacuna ossea del paziente e possa al contempo fornire stabilità strutturale. Per questo Mimetis sta sviluppando 'MimetikOss 3D', un inchiostro utilizzabile per la stampa 3D che ha una composizione molto simile a quella dei granuli. Attraverso l'utilizzo di un software si genera una mappa tridimensionale dell'impianto a partire dalle immagini del paziente; in futuro, Maria-Pau immagina la possibilità di stampare l'impianto osseo personalizzato direttamente all'interno dello studio medico o dell'ospedale. L'obiettivo nel medio termine è infatti proprio quello di rendere i chirurghi completamente indipendenti.

Parallelamente allo sviluppo di questo nuovo prodotto, l'azienda, che al momento opera sul territorio spagnolo, si prepara a espandersi in ambito internazionale.

Forse un giorno avremo la capacità scientifica di produrre impianti organici, un'imitazione perfetta del nostro corpo, ma secondo me questo non è nemmeno necessario perché il collagene, cioè la componente organica, viene prodotto naturalmente.

MARIA-PAU GINEBRA

Docente, capo del dipartimento di scienze dei materiali e di ingegneria metallurgica presso l'Università Politecnica di Catalogna, direttrice del gruppo di ricerca in biomateriali, biomeccanica e ingegneria dei tessuti, ex-presidente della Società Internazionale per la Ceramica in Medicina, nonché membro del comitato scientifico di Acta Biomaterialia e del Journal of Tissue Engineering, il curriculum di Maria-Pau Ginebra riflette la sua passione per la ricerca e il mondo accademico, tracciandone un profilo che lei stessa vuole differenziare da quello classico dell'imprenditrice.

Il suo modello di riferimento è la madre, Roser Molins, avvocato che ha studiato legge negli anni Cinquanta, quando non è affatto scontato che una donna frequenti l'università. «La situazione che vivevo in casa mi ha mostrato una realtà in cui le donne avevano le stesse opportunità degli uomini. Si trattava però di un'eccezione. All'epoca non ne ero neppure consapevole, me ne sono resa conto con gli anni». Maria-Pau cresce a Vic, vicino a Barcellona. Da piccola le piacciono le scienze e delle scuole medie ricorda l'otti-

mo docente, che la sprona ad approfondire lo studio. Sceglie di iscriversi alla facoltà di fisica, pur senza nutrire una particolare preferenza per la materia. «Più tardi mi sono resa conto che avrei dovuto studiare ingegneria, e non fisica, ma all'epoca semplicemente non si era informati su tutte le opportunità. Frequentavo un liceo per sole ragazze e tra compagne parlavamo di farmacia, di chimica e di fisica, mentre non sapevo neppure di cosa si occupasse un ingegnere. Invece, un po' per caso, adesso mi trovo a insegnare proprio agli ingegneri. E di ragazze ce ne sono ancora poche».

Dopo la laurea in fisica, Maria-Pau comincia un dottorato in scienze dei materiali presso la facoltà di ingegneria. La sua non è una vera e propria scelta, quanto l'occasione colta al volo per una posizione aperta. Tuttavia, lo capirà più tardi, quello è il momento in cui scopre la sua fascinazione per l'ingegneria. «Ero abituata a una facoltà molto teorica, e trovarmi di fronte alla possibilità di applicare le mie conoscenze per risolvere problemi mi ha fatto innamorare per la seconda volta della scienza». Durante il dottorato, Maria-Pau studia i materiali per le applicazioni mediche. Difende la sua tesi con un bambi-

FREQUENTAVO UN LICEO PER SOLE **RAGAZZE** E TRA COMPAGNE PARLAVAMO DI FARMACIA, DI CHIMICA E DI FISICA, MENTRE **NON SAPEVO** NEPPURE DI COSA SI OCCUPASSE UN **INGEGNERE**.

no piccolo a casa e il secondo in arrivo, presentandosi davanti alla commissione esaminatrice quando ormai è al settimo mese di gravidanza. Ricorda quegli avvenimenti come un grande insegnamento: «principalmente per quanto riguarda l'utilizzare al meglio il proprio tempo. È stato un periodo di grande forza per me».

Maria-Pau ottiene una cattedra all'università e si avvia alla carriera accademica, lavorando nell'ambito delle scienze dei materiali per lo sviluppo di prodotti destinati alla rigenerazione ossea. Ancora oggi è insegnante, ricer-

> *Devo confessare una cosa: non sono una donna d'affari. Amo l'accademia, fare ricerca e insegnare. Queste sono le mie zone di comfort, perché mi piace tutto quello che è legato alla conoscenza e alla sua trasmissione.*

catrice e imprenditrice. Dei tre, si identifica maggiormente nei primi due. «Devo confessare una cosa: non sono una donna d'affari. Amo l'accademia, fare ricerca e insegnare. Queste sono le mie zone di comfort, perché mi piace tutto quello che è legato alla conoscenza e alla sua trasmissione. Sono anche una persona che non ama assumersi rischi di un certo tipo. Ci ho pensato, in questo periodo, e credo che se non fosse stato per i miei due studenti del dottorato, David Pastorino e Yassine Maazouz, non avrei mai fondato l'azienda».

Quando sono all'inizio, infatti, le scoperte del gruppo di ricerca vengono brevettate e un'azienda del settore acquista la licenza. Con suo grande disappunto, tuttavia, questa rimane chiusa in un cassetto, senza mai essere utilizzata. Maria-Pau avverte l'urgenza di fare qualcosa per realizzare le sue invenzioni. David e Yassine, ormai prossimi alla fine del loro dottorato e non a caso due ingegneri, supportano con entusiasmo Maria-Pau nel fondare uno *spin-off* universitario. «La mia è una decisione razionale, motivata unicamente dal desiderio di vedere il prodotto sul mercato, mantenendo il controllo sull'intero processo. Gli ingegneri hanno un modo di pensare diverso. Sono stati molto coraggiosi, perché all'epoca erano davvero giovani. Abbiamo cominciato in quattro: David, Yassine, io e Javier Gil, un collega dell'università che aveva contatti in ambito dentistico. David e Yassine si sono occupati della parte burocratica e gestionale. Devo dire che sono stati veramente bravi».

Maria-Pau è una donna molto relazionale e mette in guardia dalla fissità degli stereotipi, soprattutto quelli che riguardano le imprenditrici come lei. «È bene cercare di avere dei modelli, e pensare alle donne come imprenditrici, ma c'è il rischio di disegnare una tipologia ben precisa di donna, che la identifichi con delle qualità specifiche, a volte irraggiungibili e limitanti. La mia storia, invece, mostra che si può essere imprenditrici anche senza possedere un animo spiccatamente imprenditoriale, semplicemente circondandosi delle persone giuste, che ci integrino e completino. Una caratteristica più marcatamente femminile è ad esempio il saper creare gruppi maggiormente funzionali e performanti mi sembra, forse perché le donne sono generalmente più brave nel distribuire i compiti. L'impresa secondo me non è tanto una creazione del singolo, quanto il risultato del coordinamento e del lavoro di squadra».

GABRIELLA
COLUCCI

ARTERRA BIOSCIENCE

DICE DI SÉ

«Io di certo non sono in linea con le aspettative di crescita di una persona normale, avendo cominciato a fare l'adulta a quarantacinque anni».

COSA LA MOTIVA OGNI GIORNO

«La componente umana, perché mi diverto in azienda, nell'atmosfera allo stesso tempo seria e goliardica».

DA DOVE NASCE L'IDEA

L'orientamento del mercato verso prodotti più naturali riguarda moltissimi settori, dalla ricerca di vestiti fabbricati utilizzando tessuti organici o riciclati, all'attenzione per un'alimentazione biologica, alle creme vegetali fino all'impiego di materiali naturali nell'edilizia.

Gabriella, che da più di vent'anni si occupa di innovazione nell'ambito agroalimentare e cosmetico, spiega così la situazione attuale. «Negli ultimi anni da un lato c'è stata una progressiva concentrazione del mercato della sementiera e dell'agrochimica, che è ormai in mano a quattro colossi mondiali, ma in parallelo il biologico ha guadagnato progressivamente una fetta di mercato sempre maggiore. È un cambiamento che viene trascinato dai consumatori, sempre più attenti alla sostenibilità ambientale. In ambito cosmetico, poi, si utilizzavano molte componenti chimiche, che ora vengono considerate sporche, mentre gli estratti vegetali avevano un'efficacia variabile. In questo aiuta la coltura cellulare biotech, che è molto più pulita e rende più affidabile la resa dei principi attivi».

Il settore biotech si distingue da quello farmaceutico in quanto adopera sistemi biologici per risolvere i problemi industriali. Le piante, che non possono fuggire dagli attacchi di insetti e ambiente e non hanno un sistema immunitario, sviluppano strategie alternative per sopravvivere, ad esempio, producendo delle sostanze repellenti, come la vitamina C, il taxolo (che viene utilizzato per la lotta al tumore al seno) o l'acido jasmonico. L'acido salicilico, ad esempio, che è la base dell'aspirina, viene prodotto dalla corteccia del salice per proteggersi dai funghi. Il biotech, applicato all'industria agroalimentare, sviluppa quindi delle strategie per aumentare le difese immunitarie dell'organismo vegetale, aiutandolo a sopportare meglio lo stress termico e atmosferico.

DAL SETTORE AGROALIMENTARE A QUELLO COSMETICO

Arterra co-investe con l'industria nella ricerca, utilizzando le competenze acquisite negli anni sulle piante per cercare risposte biologiche al problema specifico e creando a sua volta nuova conoscenza abilitante.

Talvolta soluzioni agroalimentari si trasformano in prodotti cosmetici. È il caso dell'inibitore della tirosinasi, un enzima che impedisce l'attivazione della melatonina, e quindi l'abbronzatura, ma che aiuta anche la pianta a proteggersi dall'aggressione da parte di insetti e funghi. Alcuni Paesi asiatici, tra cui la Cina, dove una pelle chiara è considerata simbolo di nobiltà e prestigio, richiedono prodotti sbiancanti. «La ricerca procede quindi lungo un duplice binario», racconta Gabriella, «noi cerchiamo un principio attivo in grado di bloccare l'enzima che attiva la melanina. Se costa poco, verrà applicato al settore agricolo, se invece è più costoso perché ad esempio si produce in coltura, sarà un prodotto destinato al settore cosmetico».

SONO TORNATA A **NAPOLI** PERCHÉ VOLEVO FARE LA **DIFFERENZA** IN QUELLA CHE È **LA MIA CITTÀ**.

IL RIMPATRIO DEI CERVELLI

Gabriella è da sempre filo-europea e, durante gli anni trascorsi negli Stati Uniti, cerca spesso un modo per ritornare in Italia. Dall'Italia infatti continua a fare avanti e indietro per anni, ma il CNR non dà segno di interesse nei suoi confronti: «dicevano che tanto sarei stata in grado di trovare lavoro ovunque, che sapevo arrangiarmi e quindi».

Il suo rapporto con il bel Paese, da allora e forse ancora, soffre il peso del mancato riconoscimento, eppure non scalfisce, in lei, l'amore e il desiderio di esserci nella sua città, nonostante tutto. «Sono tornata a Napoli perché volevo fare la differenza in quella che è la mia città. Ho fondato la prima biotech in Italia, assunto ricercatori altamente qualificati e brillanti che erano disoccupati, privilegiando, probabilmente in modo inconsapevole, chi non avrebbe avuto possibilità di carriera nei centri di ricerca pubblici. È una società dove ho premiato il merito, la competenza, dove ho portato onestà e affidabilità nelle relazioni. Questo modello ha prodotto i suoi frutti, anche economici, e, se venisse capito, potrebbe certamente essere replicabile in altri contesti».

L'industria europea, e italiana in particolare, si contraddistingue per le dimensioni medio-piccole delle imprese. Sul versante della ricerca, questo significa che l'unico sbocco professionale per i dottorati diventano l'università e il CNR, perché le industrie non possono permettersi di investire grandi capitali in centri di ricerca interni. Il rapporto fra i due mondi, poi, è complesso e ancora involuto.

Gabriella riesce a sfruttare l'esperienza americana per creare un modello alternativo. «L'università tratta spesso l'industria come 'una vacca da mungere', ponendosi in modo non sempre serio e talvolta disallineato anche rispetto alle reali necessità del Paese. L'industria, di rimando, scredita il mondo accademico come 'la terra dei fannulloni'. Questo ha fatto sì che l'opinione pubblica sviluppasse una bassa considerazione rispetto al mondo della ricerca. In America, quando dicevo 'I'm a scientist', mi sentivo circondata da un'aura di rispetto. Quando a Napoli dicevo di essere una ricercatrice, mi sembrava invece di veder apparire sulla fronte dell'interlocutore la scritta: 'ecco, un'altra sanguisuga del sistema'. Ne ho dato volutamente un'immagine grottesca, eppure è realistica».

Il punto di forza di Arterra è stato quello di-inserirsi nella dinamica costruendo invece relazioni di fiducia con il mondo industriale. «Abbiamo imparato nel tempo anche a comunicare concetti complessi in modo semplice», racconta Gabriella «un aspetto spesso sottovalutato e invece molto importante».

Arterra, prima società a vincere il premio Marisa Bellisario, la prima quotata in borsa della regione Campania e la prima esclusivamente di ricerca mai quotata in borsa in Italia, è un esempio di eccellenza nostrana che, come spesso accade, brilla di più all'estero che non in patria. Gabriella, nel suo modo di esprimersi diretto e schietto, non nasconde l'amarezza. «Quando ho vinto il premio dell'Unione Europea, mi hanno scritto da tutto il mondo, ma nemmeno una riga è arrivata dalla Federico II. Qui in Italia siamo ancora tutti estremamente autoreferenziali e soprattutto, purtroppo, non c'è cultura scientifica».

> *Abbiamo imparato nel tempo anche a comunicare concetti complessi in modo semplice. Un aspetto spesso sottovalutato e invece molto importante.*

ARTERRA BIOSCIENCE

L'innovazione nelle piante

Missione:

-

Scoprire e produrre composti attivi per applicazioni industriali.

Fondata:

-

2004

Fondata nel 2004, Arterra Bioscience è un'azienda di ricerca biotech di Napoli, quotata in borsa, che si occupa di scoprire e produrre composti attivi per applicazioni industriali in settori come la cosmetica e l'agricoltura. La sostenibilità fa parte del cuore stesso dell'azienda. Gran parte della ricerca, infatti, è rivolta a individuare sistemi che permettano la riduzione del dispendio idrico, la limitazione nell'uso dei solventi, dei pesticidi e lo sfruttamento intelligente del suolo.

La prima parte del lavoro, spiega Gabriella, consiste nella selezione dei principi attivi applicabili. «Abbiamo messo assieme una piattaforma con all'interno una grande quantità di ricerche e saggi. Dalla letteratura possiamo estrarre informazioni relative alla singola componente, incrociarle con altri dati e simulare gli scenari possibili. Da lì, poi, avviamo dei test clinici su campioni di volontari e diciamo all'azienda se in via preliminare la soluzione offerta può funzionare. Le piattaforme tecnologiche, in fondo, non sono altro che degli strumenti per misurare».

Arterra, però, è conosciuta innanzitutto per l'innovazione nell'ambito delle materie prime, rispetto alle quali ha sviluppato particolari modalità estrattive. «Le cellule» spiega Gabriella «sono delle piccole *biofactory* di principi attivi cosmetici. Dalle piante siamo in grado di ottenere colture di cellule staminali che possiedono determinate proprietà. L'abbiamo fatto in cosmetica e presto lo faremo nella farmaceutica e nei dispositivi medici».

Negli anni, la collaborazione con Intercos, azienda leader globale nel settore cosmetico, porta alla creazione della joint venture Vitalab. Quando Arterra viene quotata, Intercos è il suo *anchor investor* e mette il primo milione e mezzo nella società. Per Gabriella, è il riconoscimento della grande fiducia e della solidità del legame costruito negli anni.

La società lavora spesso in compartecipazione con l'industria, scegliendo i progetti su cui lavorare sulla base delle competenze maturate e della richiesta del mercato. «I finanziamenti pubblici, quando arrivano, sono sempre successivi» racconta Gabriella, «e nascono dal fatto che una nostra ricerca è compatibile con un determinato bando. Credo sia per questo motivo se spesso veniamo selezionati come *best practice* dal MIUR, dal MISE e dalla Comunità Europea».

Le cellule sono delle piccole biofactory di principi attivi cosmetici. Dalle piante siamo in grado di ottenere colture di cellule staminali che possiedono determinate proprietà. L'abbiamo fatto in cosmetica e presto lo faremo nella farmaceutica e nei dispositivi medici.

GABRIELLA COLUCCI

La seconda di tre figli, Gabriella Colucci proviene da quella che si definirebbe la borghesia illuminata napoletana: professionisti di una certa levatura, persone intelligenti e colte. Il padre, laureato in agraria, è tra i fondatori del centro di ricerca della Cirio mentre la madre, inglese figlia di genitori ebrei di origini tedesche, lavora alla NATO. È un ambiente familiare che espone Gabriella, fin dalla tenera età, a un contesto internazionale.

Competitiva, ribelle, dedita allo sport piuttosto che allo studio, Gabriella è appassionata di cavalli, ma pratica anche la scherma, sulla

> *Quando tornai dall'università e gli raccontai che mi ero iscritta ad agraria si mise a ridere e disse: 'lo vedi che alla fine fai quello che vuole papà!'*

quale investe tempo ed energia, entrando a far parte della nazionale juniores. Suo padre è molto presente e segue il percorso sportivo della figlia, mentre il tempo della scuola è ridotto al minimo indispensabile. «Sono stata ammessa alla maturità con sessantacinque giorni di presenza, quando sessantaquattro era il minimo. Nonostante tutto sono uscita con quarantotto, non poi così male, direi, a dimostrazione del fatto che trascorrere tutte quelle ore in classe non è forse così necessario!»

Dopo il diploma, Gabriella si iscrive all'università. La sua non è una vocazione, quanto una competizione avviata dal padre che, facendole credere di non potercela fare, risveglia in lei il forte spirito di competizione. «Mio padre ci conosceva bene. Era attento alla nostra sensibilità e sapeva anticipare quelle che sarebbero state le nostre reazioni. Quando tornai dall'università e gli raccontai che mi ero iscritta ad agraria si mise a ridere e disse: 'lo vedi che alla fine fai quello che vuole papà!'». Quando Gabriella è al secondo anno di università, suo padre muore. Viene così a mancarle un punto di riferimento fondamentale. I risparmi familiari sono investiti nell'istruzione del fratello maggiore, che frequenta un master ad Harvard, mentre Gabriella inizia a cercare se stessa nel mondo, lo zaino sulle spalle in giro per il Nepal, l'India e lo Sri Lanka. Si mantiene facendo lavoretti occasionali, fino a che non decide di vendere le sue medaglie della scherma e con quei soldi, uniti ai pochi risparmi, compra un cavallo, un ritorno alla sua passione infantile. Il cavallo diventa allora il suo motivo di vita. Inizia a partecipare a concorsi, insegna equitazione e apre un agriturismo in provincia di Benevento. Inaugurato il ristorante telefona alla sua ormai ex tata Olga. La prima domanda: 'ma chi cucina?' 'Io.' 'Ah bene, e chi mangia?'

Gabriella nel frattempo continua a dare un esame all'anno. C'è qualcosa dentro di lei che le dice di non mollare. Si laurea ormai più che trentenne, con dieci anni di ritardo rispetto ai suoi compagni di corso. Per tre anni non trova lavoro, finché, un giorno, sua sorella Susanna sente un annuncio per una borsa di studio su Radio Kiss Kiss. Gabriella fa richiesta e la vince. È una dei quindici ragazzi destinati a essere formati per la creazione di imprese agro-tecnologiche. «Un corso fantastico», racconta, «organizzato in collaborazione con le facoltà di agraria e di medicina dell'Università Federico II. Il fatto esilarante è che questi signori (la società si chiama IRCOF) ricevettero i finanziamenti da parte della Comunità Europea e poi, organizzato un corso di alto livello, scomparvero senza pagare nessuno, né noi, né i docenti, né i locali che erano stati affittati».

La rocambolesca avventura è il suo trampolino di lancio. Grazie a un'altra borsa di studio, stavolta offerta dall'Istituto Internazionale di Agricoltura Tropicale, Gabriella si specializza in genetica delle piante, trascorrendo diversi mesi in Nigeria, dove lavora per migliorare la resistenza delle piante agli insetti, trasferendo le competenze tecnologiche agli studenti del luogo. Concluso il progetto, Gabriella riesce a far finanziare il suo trasferimento in California, nel laboratorio del professor Maarten J. Chrispeels, uno dei massimi esperti mondiali in biochimica delle piante. Gabriella deve mettersi al passo, perché la sua formazione non è ancora al livello che viene richiesto a San Diego. Il progetto biomedico tuttavia ha successo e porta alla creazione della società Fillogics, che sarà poi cliente di Arterra.

La prima proposta di lavoro reale arriva, con Arena Pharmaceuticals, all'età di quarantacinque anni. Si tratta di avviare un gruppo di ricerca in una biotech farmaceutica, lavorando sulle piante con metodologie farmaceutiche. Il suo stipendio, per lei all'epoca già molto alto, le viene raddoppiato dopo soli tre mesi di lavoro. «Eravamo un gruppo ridotto», racconta Gabriella, «con Fabio Apone, anche lui italiano, e due dottorande americane. Il mio capo diretto era uno scozzese di Glasgow. Era un neuro-scienziato molto giovane con cui mi trovai da subito in accordo. Amava ripetermi che lui era uno scienziato *con il* cervello, non *del* cervello. Oggi infatti, a nemmeno quarantacinque anni di età, ha

già fondato tre società quotate in borsa».

Napoli ha sette università nei dintorni, è la patria della biologia molecolare ed è una città che ha fame, dove il costo di persone e strutture è significativamente minore rispetto agli Stati Uniti.

Il mio capo diretto era uno scozzese di Glasgow. Era un neuro-scienziato molto giovane con cui mi trovai da subito in accordo. Amava ripetermi che lui era uno scienziato con il cervello, non del cervello.

A Gabriella viene chiesto di raggiungere l'eccellenza a livello mondiale in un ambito molto specifico, dove la concorrenza è scarsa e il gruppo dispone di grandi risorse finanziarie e della tecnologia farmaceutica. Ci riesce, ottenendo due pubblicazioni di alto livello e il pubblico encomio. Nonostante ciò, ritiene che si possa fare di meglio e ne parla con il suo capo. Le viene proposto di fondare una società che si occupi di questo; la condizione posta da Gabriella è che la sede sia in Europa, in particolare in Italia, in particolare a Napoli.

«Napoli ha sette università nei dintorni, è la patria della biologia molecolare ed è una città che ha fame, dove il costo di persone e strutture è significativamente minore rispetto agli Stati Uniti». Il consiglio di amministrazione di Arena se ne convince mentre Gabriella, su incarico della società e in veste di futura direttrice generale, torna in Italia per fondare l'azienda. La notte prima di costituire la società, tuttavia, gli americani cambiano idea, cancellano il progetto e la licenziano. Gabriella piange un paio d'ore, poi si rimbocca le maniche e comincia il giro di telefonate. Tutte le persone con cui aveva già preso contatto le confermano il loro appoggio; Gabriella fonda Arterra, stavolta senza americani.

Qualche anno più tardi avviene l'incontro con Intercos, e dopo svariati anni di collaborazione nasce Vitalab. Il percorso di crescita della sua azienda è lungo, ricco, e soprattutto porta con sé la soddisfazione di vedere una propria idea crescere e prosperare, come le piante di cui Gabriella si occupa in laboratorio. Ora, nel laboratorio, ci entra di rado: «non posso più stare con la pipetta in mano perché darei solo fastidio a tutti. Comincio a far fatica a leggere le etichette! Mi piace invece la parte progettuale, perché, avendo una visione d'insieme, sento di poter ancora essere utile all'azienda. Per me, che ho l'animo dell'atleta, è come praticare uno sport che si può fare a tutte le età».

«Vorrei trasmettere un messaggio ben preciso, e cioè che quando hai un sogno, ce l'hai sempre, è in te la capacità di generarlo. Da bambina vuoi essere la principessa. Se sei sportiva vuoi andare alle olimpiadi. Poi arriva il sogno 'maturo' e lo identifichi, ma non è detto che succeda a vent'anni, anzi è più probabile che sia a quaranta, quando hai accumulato esperienze e hai più chiaro cosa vuoi fare. Io di certo non sono in linea con le aspettative di crescita di una persona normale, avendo cominciato a fare l'adulta a quarantacinque anni. Quindi ai ragazzi vorrei dire: se a vent'anni non sapete cosa volete o non avete trovato una via, non vi sentite inadeguati. Lungo la strada accumulate un bagaglio che potrete esprimere un domani, quando troverete il vostro sogno. Ognuno ha i suoi tempi di maturazione: in quest'ambito non si possono applicare regole».

MELANIE
RIEBACK

RADICALLY OPEN SECURITY

DICE DI SÉ

«Siamo in fondo gli hacker di un nuovo modello di business. Cerchiamo di prototipare un'azienda ideale, che ottimizzi i benefici per il mondo invece del profitto individuale».

COSA LA MOTIVA OGNI GIORNO

«Solo infrangendo gli stereotipi e i contenitori, unificando l'aspetto razionale con quello tecnologico, artistico e spirituale, troviamo l'unità all'interno di noi stessi e le comunità che ci permettono di creare un mondo migliore».

DA DOVE NASCE L'IDEA

Per Melanie Rieback, americana di nascita e olandese nell'animo, l'impresa è uno strumento di attivismo. La sua azienda è ispirata alla sua carriera accademica e il modo di guidare l'azienda rispecchia quello con cui conduce il team all'università. «Al di là degli aspetti economici e legali, entrambi mi danno la libertà di scegliere i miei percorsi in modo creativo. Per me il mondo del business è anche una delle più espressive forme d'arte».

La maggioranza dei problemi, dalla crescente sperequazione economica all'esaurimento delle risorse naturali, sono sistemici e dipendono direttamente o indirettamente dalle imprese. Con l'attuale situazione politica americana e il populismo crescente anche in Europa, è facile per i cittadini sentirsi senza speranze. Le persone in fondo possono compiere scelte, ma sono limitate dalle opzioni che hanno a disposizione. E spesso sono le aziende stesse a fornirci le opzioni.

L'idea alla base di Radically Open Security nasce nel 2014. Cercando una struttura so-ciale ottimale, Melanie si ispira all'esperienza di Michiel Leenaars di NLnet Foundation. Michiel la introduce alla Fiscal Fundraising Institution, una costruzione elegante creata dalla chiesa Olandese, dove vengono organizzati *spin-off* commerciali il cui ricavato contribuisce a finanziare la Chiesa stessa. Melanie realizza che quel modello si presta ad essere utilizzato in altre aree, tra cui il settore del tech dove lei è ormai una professionista affermata.

Al di là degli aspetti economici e legali, entrambi mi danno la libertà di scegliere i miei percorsi in modo creativo. Per me il mondo del business è anche una delle più espressive forme d'arte.

IMPRENDITORIALITÀ POST-CRESCITA

«Penso che le imprese sociali siano andate un po' fuori strada. Possono essere estrattive, adottando un modello del tipo 'capital-scale-exit', talvolta anche pagandosi stipendi esagerati e vendendo l'azienda a delle multinazionali. Finché il denaro potrà essere estratto dall'azienda, si creerà un meccanismo perverso di incentivazione a dare priorità agli interessi personali e individuali, generando problemi sociali e ambientali.

Dobbiamo chiederci come costruire azien-

Servono soluzioni che non siano puramente accademiche, ma si traducano nel mondo reale. Questo non può che avvenire attraverso la creazione di aziende 'trasparenti', che siano cioè puri veicoli di impatto sociale.

de 'non estrattive' e porci un'altra domanda fondamentale: la crescita è positiva? Non c'è abbastanza discussione attorno a questi punti nell'ecosistema delle startup. L'impossibilità di crescere indefinitamente ci obbliga a ripensare i modelli di business. Abbiamo bisogno di soluzioni finanziariamente sostenibili che determino un cambiamento sistemico. Servono soluzioni che non siano puramente accademiche, ma si traducano nel mondo reale. Questo non può che avvenire attraverso la creazione di aziende 'trasparenti', che siano cioè puri veicoli di impatto sociale».

Per stimolare questa riflessione, Melanie fonda Post-Growth Entrepreneurship, un movimento per costruire imprese sociali non estrattive in vari ambiti dell'economia reale. L'obiettivo è quello di promuovere il modello di business riassumibile in tre caratteristiche fondamentali: *bootstrapping*, crescita piatta e non estrattività. È un'idea molto vicina al concetto di *social business* di Muhammad Yunus, l'economista premio Nobel inventore del micro-credito, e il cui nucleo consiste nel limitare il profitto privato, in modo da garantire il massimo beneficio per la collettività.

DOBBIAMO **CHIEDERCI** COME COSTRUIRE AZIENDE **NON ESTRATTIVE** E PORCI UN'ALTRA DOMANDA FONDAMENTALE: LA **CRESCITA È POSITIVA**?

RADICALLY OPEN SECURITY

Oltre il modello economico di crescita

Missione:

-
Offrire consulenza in ambito della sicurezza informatica attraverso un'azienda non-profit.

Radically Open Security è la prima organizzazione non-profit al mondo nell'ambito della consulenza per la sicurezza informatica.

La società offre una vasta gamma di servizi, dal *penetration testing* al *social engineering*, dalla scientifica forense all'analisi crittografica. A questi si affianca l'educazione alla sicurezza informatica, che avviene attraverso l'organizzazione di workshop, seminari e iniziative di formazione permanente.

Radically Open Security opera in modo aperto e trasparente, invitando il cliente a osservare gli hacker mentre smantellano il sistema di sicurezza dell'azienda. Per chi arriva da fuori è come ottenere formazione gratuita a ogni *pentest* acquistato. «La sicurezza informatica è un processo e una mentalità, non una serie di pezzi in un *pentest* report. Vedere in che modo operiamo per violare i sistemi di sicurezza è sia divertente che educativo» racconta Melanie. «I clienti lo adorano e probabilmente anche per questo motivo in sei anni e mezzo abbiamo attratto oltre cento aziende tra cui Google, Mozilla, banche, assicurazioni, catene di supermercati e organizzazioni non governative, nonché lo stesso Governo Olandese e la Commissione Europea». La formula dell'azienda deve la sua popolarità anche a due caratteristiche fondamentali: l'indubbia capacità di fornire un livello di qualità molto alto e il fatto che Radically Open Security è essa stessa un'impresa sociale.

Melanie testa con la sua impresa un modello di business innovativo: si tratta di un *front end* commerciale, *back end* non-profit. Radically Open Security adotta una forma societaria ibrida per il servizio di consulenza a pagamento. Allo stesso tempo, il 90% dei profitti vengono trasferiti a una fondazione (NLnet) che supporta da oltre vent'anni prodotti *open-source*, ricerca in ambito IT e organizzazioni per i diritti informatici. Il rimanente 10% dei profitti viene invece reinvestito nell'operatività aziendale. Una struttura organizzativa particolarmente agile e leggera permette poi di pagare stipendi competitivi a dipendenti, consulenti e management.

Alcuni dati

Fondata:

-

2014

Modello:

-

NLnet Foundation di Michiel Leenaars

I clienti lo adorano e probabilmente anche per questo motivo in sei anni e mezzo abbiamo attratto oltre cento aziende tra cui Google, Mozilla, banche, assicurazioni, catene di supermercati e organizzazioni non governative, nonché lo stesso Governo Olandese e la Commissione Europea.

Sebbene esistano costruzioni simili a livello globale, come ad esempio B-corporations o Mozilla, la forte componente idealistica di Radically Open Security attrae determinati tipi di collaboratori e clienti. «Troviamo i migliori esperti di sicurezza e clienti allineati con la nostra filosofia, che decidono di spendere il loro budget per la sicurezza informatica come 'voto' per supportare l'imprenditoria socialmente responsabile. Siamo in fondo gli hacker di un nuovo modello di business. Cerchiamo di prototipare un'azienda ideale, che ottimizzi i benefici per il mondo invece del profitto individuale».

Melanie sta cercando di convincere gli imprenditori a fondare più imprese sociali in un'ottica 'post-crescita'. Oggi esiste un corso, dal titolo omonimo, presso la Libera Università di Amsterdam, che dà diritto a crediti formativi come tirocinio. L'incubatore di startup Nonprofit Ventures sta promuovendo eventi dedicati mentre sviluppa una rete a supporto delle imprese che adottano un modello imprenditoriale post-crescita.

GIRL GEEK DINNER NL

Per diverso tempo Melanie partecipa a comunità femminili per le donne nel settore tecnologico, come Women in Cyber Security. È anche co-fondatrice di Girl Geek Dinner NL. «Abbiamo bisogno di comunità a supporto e i modelli di riferimento femminili dovrebbero essere messi in luce. Per me il fatto di essere una donna è sempre stato un vantaggio, perché come minoranza è più facile ottenere attenzione. Ci sono le reti tra donne e riconoscimenti dedicati. Di fronte ai *glass ceiling*, reputo si debba trarre vantaggio da qualsiasi (anche ingiusta) opportunità che ci viene offerta. Quindi se qualcuno mi invita a una presentazione perché sono una donna, certo... ci vado. E poi impressiono tutti con il mio contenuto».

MELANIE RIEBACK

Figlia di un ingegnere delle comunicazioni e di una programmatrice, Melanie viene esposta fin dalla tenera età al mondo della tecnologia. Il suo percorso non è lineare. Inizialmente convinta che sarebbe diventata una suonatrice di oboe, poi un medico, alla fine Melanie si iscrive a biologia all'Università di Miami. La decisione di aggiungere il major in computer science è una scelta successiva. Fino a quel momento, infatti, il mondo della tecnologia rappresenta per Melanie principalmente uno strumento per divertirsi.

Dopo la laurea con una tesi in bio-informatica, dove riesce a combinare i due ambiti di studio, si trasferisce per un anno a Boston, al MIT, per lavorare all'Human Genome Project. «Sono stata coinvolta nel sequenziamento iniziale del genoma umano, che era parte della corsa al genoma tra il settore pubblico e Celera Genomics».

Mentre è al MIT, Melanie realizza che in assenza di qualificazioni ulteriori non avrebbe potuto avere serie prospettive di carriera, per cui decide di tornare a studiare e sceglie l'Europa, in particolare l'Olanda. Vuole vivere l'avventura ed esplorare il mondo, e l'Europa rappresenta la possibilità di espandere i suoi orizzonti oltre i confini e la mentalità americani. Mentre studia all'Università di Miami incontra due ragazzi olandesi che le fanno scoprire il loro Paese. Così, durante un periodo di studio a Colchester, Melanie decide di vedere Amsterdam almeno una volta. «Il fascino di quella città non mi ha mai abbandonata. Sono andata a Boston e la sera ascoltavo le audiocassette per imparare l'olandese».

Melanie presenta la richiesta d'ammissione all'Università tecnica di Delft, viene accettata e, quando arriva, sa di aver fatto la scelta giusta. Il progetto iniziale, che prevede di ri-

Sono stata coinvolta nel sequenziamento iniziale del genoma umano, che era parte della corsa al genoma tra il settore pubblico e Celera Genomics.

manere in Europa un paio d'anni, si estende quando il Professor Andrew Tanenbaum le offre di diventare il suo mentore per il dottorato presso la Libera Università di Amsterdam.

Durante il dottorato, mette in luce le debolezze del sistema di sicurezza RFID, attraendo attenzione mondiale e vincendo per questo diversi riconoscimenti. Successivamente, Melanie diviene assistente alla cattedra di computer science presso la Libera Università di Amsterdam. Inizia a sviluppare i suoi prototipi di hardware e sta pensando di commercializzarli, quando il mercato azionario collassa. Mancano i soldi per finire i prototipi e il progetto viene messo da parte.

Il fascino di quella città non mi ha mai abbandonata. Sono andata a Boston e la sera ascoltavo le audiocassette per imparare l'olandese.

A quel punto Melanie vuole decide di lasciare il mondo accademico ed esplorare il mondo dell'impresa. Si trasferisce così in Canada dove lavora alla Citrix gestendo l'ufficio di Vancouver. Il prodotto a cui sta lavorando (XenClient) però non vende abbastanza per cui l'ufficio viene smantellato. Melanie si rimette in viaggio, viaggiando per diverso tempo, prima di ritornare ad Amsterdam dove inizia a lavorare per la ING Bank nella sezione dedicata al crimine informatico. Melanie rimane lì un anno e mezzo. «Ma non mi piacevano la burocrazia e i rapporti che avevo con l'industria della consulenza informatica». Nel 2013 quindi lascia la ING Bank per fondare la sua azienda, Radically Open Security. Un *angel investor* le offre il primo mezzo milione di euro ma lei rifiuta e fonda l'azienda con le sue sole forze.

Nella fase iniziale di Radically Open Security, Melanie partecipa a ogni *penetration test*. Con il crescere dell'azienda, però, dal dettaglio si sposta progressivamente a una posizione di supervisione, creando gruppi decentralizzati che lavorano in autonomia. Le sue giornate trascorrono tra la supervisione dei progetti in corso, l'interfacciarsi con il team IT interno, le telefonate, magari un'intervista, ma soprattutto la relazione con i clienti, con partner potenziali per l'ampliamento e lo sviluppo del modello di business. A volte, però, partecipa direttamente al lavoro della squadra. È il caso della pandemia di COVID-19, durante la quale segue personalmente i test di sicurezza per l'app di tracciamento sviluppata dal Governo Olandese.

Negli ultimi anni Melanie compare spesso nella lista delle donne più influenti in Olanda nel settore tecnologico. Le viene riconosciuto il merito di essere una delle persone più innovative in Europa. Dopo il successo di Radically Open Security, la prossima sfida è quella di promuovere il suo modello di business. Per questo, nel 2017 Melanie fonda

Non Profit Ventures.

Il mondo del tech tuttavia sta andando nella direzione opposta, visto che le aziende fondano il loro modello di business sull'estrazione di dati dai consumatori. «Come professionista che lavora nell'ambito della sicurezza e della privacy da quasi vent'anni, sono stanca di creare Privacy Enhancing Technologies (PETs) che servono da 'cerotti tecnologici' per proteggerci da Google, Facebook, Amazon e altri. Non è abbastanza. Voglio concentrarmi sul vero problema, che è il loro modello di business. Le aziende non dovrebbero utilizzare i nostri dati come se fossero il nuovo petrolio. I problemi globali spesso non richiedono una soluzione tecnologica, ma soluzioni a livello di modello di business».

Poiché la ritengo la persona più qualificata per rispondere, le chiedo quali caratteristiche, secondo lei, identificano chi innova. «Possiamo tutti essere innovatori, se ci applichiamo a qualcosa che ci appassiona. È parte di un processo più ampio in cui conosciamo noi stessi. Non possiamo essere degli imprenditori completi se non siamo esseri umani completi. Solo infrangendo gli stereotipi e i contenitori, unificando l'aspetto razionale con quello tecnologico, artistico e spirituale, troviamo l'unità all'interno di noi stessi e le comunità che ci permettono di creare un mondo migliore».

NEUS
SABATÉ

FUELIUM

DICE DI SÉ

«Se avessi potuto avrei frequentato l'università universale».

COSA LA MOTIVA OGNI GIORNO

«Non ho mai pensato di diventare un'imprenditrice, volevo solo sviluppare davvero qualcosa che rispondesse a una sfida della società. Esserci riuscita, e lavorarci ogni giorno, mi rende orgogliosa».

DA DOVE NASCE L'IDEA

Nel 2006 Neus Sabaté lavora come ricercatrice presso l'Istituto di microelettronica di Barcellona. Da qualche anno studia le micro-celle a combustibile integrate in silicio e fa ricerche sulla generazione di energia dal metanolo e dall'idrogeno, in un momento in cui pensare alle possibili applicazioni di questa tecnologia significa pensare al Massachusetts Institute of Technology (più noto con l'acronimo MIT). Sono almeno dieci anni che per i ricercatori europei quello è il punto di riferimento. Già nel 2001 infatti, in quella che è considerata la migliore università al mondo si progetta di utilizzare queste fonti energetiche per ricaricare gli smartphone, che saranno a breve commercializzati. Il mercato però prende una direzione diversa e la soluzione vincente si rivela essere il potenziamento delle batterie al litio tradizionali.

Nel 2012 stanno sparendo gli imprenditori americani e canadesi che fino ad allora hanno prodotto le prime pile a combustibile commerciali. Anche quel filone di ricerca sembra essere giunto a un punto morto. Neus è scoraggiata. Pensa di aver sprecato del tempo prezioso. Quando una sera si ferma al supermercato prima di rientrare a casa. È in fila alla cassa e vede esposte le batterie a bottone, quelle a forma di moneta, che probabilmente acquistiamo di rado, ma che sono parte integrante di moltissimi dispositivi. Davanti a lei, in quel supermercato, c'è la concorrenza, sicuramente più economica rispetto ai suoi complessi sistemi in silicio. «Come ricercatore vuoi sempre fare meglio degli altri e se il MIT produce un watt tu vuoi produrne due. Ma quella sera mi sono affacciata al mondo reale e ho capito che le nostre soluzioni non erano pratiche e che non sarebbero sopravvissute sul mercato». È notte, ma Neus si risveglia. Esce da un intorpidito circuito accademico che, nella sua autoreferenzialità, non aveva considerato adeguatamente l'aspetto applicativo della tecnologia.

Poco tempo dopo arriva la seconda gravidanza. Neus fa il test, stringe tra le mani lo stick di plastica con due linee blu ed è in lei il desiderio infantile di smontarlo per vedere cosa c'è dentro. Così ritorna di corsa al laboratorio, lo apre e all'interno trova proprio lei: una batteria a bottone. Come quella del supermercato. La pila, destinata ad essere uti-

QUELLA SERA MI SONO AFFACCIATA AL **MONDO REALE** E HO CAPITO CHE LE NOSTRE SOLUZIONI NON ERANO **PRATICHE** E CHE NON SAREBBERO SOPRAVVISSUTE SUL **MERCATO**.

lizzata una sola volta durante il ciclo di vita del dispositivo, è del tutto sovradimensionata, quindi sottoutilizzata. Quante persone, tra coloro che hanno fatto il test, leggeranno fino in fondo il foglietto di istruzioni e le indicazioni per lo smaltimento? Nella quasi totalità dei casi lo stick verrà gettato nell'indifferenziata, assieme alla batteria. Attorno a due pilastri chiamati 'efficienza' e 'sostenibilità', ricomincia la ricerca di Neus. Lungo queste direttrici decide di costruire una batteria di carta, più economica e integralmente biodegradabile, che sostituisca quella tradizionale rendendo così sostenibili i dispositivi diagnostici monouso.

FARE RICERCA NEL MONDO, PER IL MONDO

In ambito accademico c'è grande competizione sulla quantità di pubblicazioni perché la valutazione del proprio lavoro passa attraverso l'*impact factor*, ossia il numero di citazioni ricevute. Si originano così realtà endogamiche, comunità che si rinforzano internamente citandosi, a prescindere dalla rilevanza effettiva delle ricerche. Neus è critica rispetto al sistema: «scrivere un *paper* non risolve nulla, nessun problema reale, pur essendo il primo passo. Dopo c'è tutto il grosso del lavoro, che va dall'idea al prodotto. Ogni ricercatore di scienza applicata dovrebbe uscire ogni tanto dal laboratorio e spiegare il significato di quello che sta facendo. E noi tutti ci dovremmo domandare: cosa della nostra ricerca viene utilizzato nel mondo reale?»

Il 2013 vede Neus impegnata nel trasferimento tecnologico, e durante quell'anno non pubblica nulla. Quello spazio vuoto nel suo curriculum rappresenta un rischio per la carriera. In ambiente accademico viene criticata per le poche pubblicazioni; tuttavia, nel frattempo, nonostante lo scontento dei colleghi nasce Fuelium, la pila di carta, e i riconoscimenti arrivano anche al di fuori dei centri di ricerca. Il team conta, oltre a Neus, il co-fondatore Juan Pablo Esquivel, all'epoca *post-doc* di Neus, e il co-fondatore Sergi Gassó, ex capo dell'R&D di Alere Toxicology. Nel 2016 il team è tra i quattro vincitori dell'Entrepreneur Repsol Fund, a cui Neus decide di partecipare contro il parere dei consulenti esterni di Repsol, che ritengono di interesse aziendale solo i progetti su larga scala. Il 2020 è un buon anno per Neus in termini di riconoscimento: è infatti tra le finaliste dell'EU Prize for Women Innovators e riceve un premio per l'innovazione e la tecnologia da parte della Reale Società Spagnola di Fisica e Chimica.

«Juan Pablo e io abbiamo costruito i primi prototipi assieme e abbiamo avviato una linea di ricerca come coppia scientifica di successo. Abbiamo pubblicato un *paper* molto importante citato da *Science Editorial* e abbiamo brevettato assieme l'idea che ha portato a Fuelium. Infatti, potrei dire che ci completiamo: io genero la visione e spingo avanti l'idea, mentre lui ha il talento di creare il design arrivando al prodotto finale. Il successo di Fuelium sancisce la validità di un'idea che ho difeso, sempre con tenacia e dedizione. Non ho mai pensato di diventare un'imprenditrice, volevo solo sviluppare davvero qualcosa che rispondesse a una sfida della società. Esserci riuscita, e lavorarci ogni giorno, mi rende orgogliosa. Mi identifico in quello che sto facendo».

Juan Pablo e io abbiamo costruito i primi prototipi assieme e abbiamo avviato una linea di ricerca come coppia scientifica di successo.

Abbiamo pubblicato un paper *molto importante citato da* Science Editorial *e abbiamo brevettato assieme l'idea che ha portato a Fuelium.*

FUELIUM

L'energia dalla carta

Spin-off del CSIC, ossia il Consiglio superiore delle ricerche scientifiche

Missione:

-
Integrare delle batterie sostenibili nei dispositivi diagnostici monouso.

L'innovazione di Fuelium consiste nell'utilizzo di carta come materiale strutturale principale per generare pile. Nel caso del test di gravidanza, la carta viene impregnata di urina, la quale funge da elettrolita a cui collegare gli elettrodi, evitando così l'utilizzo di reagenti alcalini corrosivi. La durata non è la stessa di una pila da supermercato, ma permette al dispositivo di funzionare per un massimo di trenta minuti. L'impiego naturale di questa tecnologia è quindi all'interno di dispositivi monouso.

La carta ha la proprietà della capillarità, cioè quello che osserviamo quando immergiamo un angolo del tovagliolo in un bicchiere e progressivamente l'acqua risale. Quando si lavora con il silicio, il vetro o i metalli, occorre muovere il fluido attraverso il mezzo e si utilizzano delle piccole pompe, mentre con la carta, che tra l'altro è completamente biodegradabile, non servono forze esterne. Il liquido continua a muoversi fino alla completa imbibizione.

Le possibilità applicative sono infinite, dai test di gravidanza a quelli per l'utilizzo di stupefacenti, dai *marker* cardiaci ai test per la rivelazione di malattie infettive.

I test producono risultati inequivoci se osservati all'interno di una specifica finestra temporale (tra i quindici e i trenta minuti circa dal momento in cui viene applicato il campione ematicone). Oltre questo lasso di tempo, il risultato non è più attendibile. Per aiutare gli operatori sanitari a incrementare queste percentuali, Neus ha sviluppato un piccolo segnale luminoso che, sfruttando la sua tecnologia, compare durante il periodo di validità del test.

Alcuni dati

Fondata:

-

2015

da Neus Sabaté, Juan Pablo Esquivel e Sergi Gassó

> "
>
> *Tra i pochi aspetti positivi in questa pandemia, oltre a un rinnovato interesse per la ricerca scientifica, vi è sicuramente il fatto che molte aziende hanno lavorato duramente per produrre reagenti, per cui ora siamo molto vicini ad avere un test semplice ed efficace.*
>
> "

Le batterie di carta di Fuelium permettono diverse funzionalità nei test basati sulla carta che prima non erano né economiche né sostenibili: l'energia elettrica permette infatti di riscaldare la carta, rendendo i test immunologici più affidabili e dall'altra amplifica il DNA nel pezzo di carta. Portando il campione di fluido a sessanta gradi si amplifica infatti il DNA ed è più facile distinguere i virus facendoli replicare. Prima che si diffondesse il COVID-19, la fondazione di Bill e Melinda Gates sta cercando modi per rendere questa tecnologia portatile e finanzia gli esperimenti preliminari per riscaldare la carta. «Tra i pochi aspetti positivi in questa pandemia, oltre a un rinnovato interesse per la ricerca scientifica, vi è sicuramente il fatto che molte aziende hanno lavorato duramente per produrre reagenti, per cui ora siamo molto vicini ad avere un test semplice ed efficace. Siamo riusciti a sperimentare con reagenti per amplificare l'RNA del virus su carta, con risultati molto incoraggianti».

Nel frattempo, nel 2015 Fuelium riceve due milioni di euro dal Consiglio europeo della ricerca per sviluppare sensori di conduttività basati sull'utilizzo di carta. «Per esempio», spiega Neus, «ottenendo energia dal glucosio si può quantificare il livello di zuccheri nel sangue, ma si può anche rivelare la fibrosi cistica attraverso un cerotto sfruttando la conduttività del sudore, che è più salato nei malati di fibrosi». Questo potrebbe portare a nuovi prodotti e, forse, a una nuova società. Oltre alle attuali ricerche, Neus lavora anche all'espansione di Fuelium. Pur essendo commercialmente attiva da ormai più di quattro anni, al momento la società opera in *co-development*, cioè integrando le batterie nel prodotto del cliente. In un futuro non molto lontano, però, Neus le immagina lì, vicino alla cassa del supermercato.

SUI FINANZIAMENTI IN SPAGNA

«La situazione dei finanziamenti in Spagna è cronicamente disastrosa, ed è inutile cercare di dire se dipenda dal governo o dalla società, perché alla fine il governo è eletto, quindi in un certo modo rispecchia la società alla base. In Spagna c'è storicamente scarsa attenzione nei confronti della scienza, l'investimento privato è conservativo e, fino alla recente crisi del settore, è stato sempre tendenzialmente rivolto all'immobiliare. Da allora a Barcellona si sono create più iniziative per alimentare l'investimento privato. Si può ottenere un quarto, mezzo, fino a un milione di euro in investimenti, e specialmente nelle biotecnologie. Il settore privato oggi è maggiormente sensibile e sembra essere finalmente più predisposto a rischiare».

UN MONDO IN ROSA

«Nell'ambito dell'ingegneria, per motivi culturali, c'è sicuramente ancora un pregiudizio nei confronti delle donne. Nelle pubblicità si vedono i robot grigi, scuri e argentati per i ragazzi, mentre il lego per le bimbe è rosa, anche se io non ho mai visto un ponte rosa per strada. Sembra si voglia trasmettere il messaggio che le ragazze si devono occupare di cose molto lontane dalla realtà, non realistiche. È un'idea che poi sedimenta. Allora da adulti non importa se facciamo progressi nel nostro ambito, perché a livello inconscio rimane l'idea che un uomo sia più preparato rispetto a una donna nel costruire oggetti fisici affidabili. Lui in fondo giocava con cose vere, quand'era piccolo, non con i lego rosa!»

NEUS SABATÉ

I capelli corti brizzolati e i modi schietti rivelano una donna abituata a confrontarsi con un mondo ancora fortemente maschile dal quale, come lei stessa rivela, nel tempo ha mutato alcuni comportamenti. Neus ha imparato il valore dell'autonomia dalla madre, che per lei rappresenta un punto di riferimento e un modello: «lavorava come segretaria in un'epoca in cui non eri per questo esentata dai lavori domestici. Gli uomini erano stati educati a non far nulla in casa. L'ho sempre stimata molto perché voleva essere indipendente. Ed è quello che ha insegnato a me. Mi diceva sempre che i rapporti devono basarsi sulla fiducia e sulla collaborazione, non sulla dipendenza. Da piccola volevo essere come lei, ma anche come papà, che era un ingegnere. Alla fine ho cercato di prendere il meglio da entrambi».

Da ragazza la interessano vari ambiti e, quando termina il liceo, Neus è ancora incerta sul percorso di studi: da un lato ci sono le materie scientifiche, verso le quali è naturalmente attratta, dall'altra il mondo dell'arte con il suo potenziale creativo, la pittura, la letteratura e la filosofia. L'animo artistico traspare nell'abbigliamento; per l'intervista ha scelto una camicia ricamata con motivo floreale. «Se avessi potuto avrei frequentato l'università universale», racconta divertita. La decisione finale è influenzata dalle parole del suo docente di fisica, José Antonio Altemir, che le suggerisce di percorrere la strada più faticosa.

La sua biografia, del resto, parla chiaro. Neus si iscrive alla facoltà di fisica dell'Universi-

> *Lavorava come segretaria in un'epoca in cui non eri per questo esentata dai lavori domestici. Gli uomini erano stati educati a non far nulla in casa. L'ho sempre stimata molto perché voleva essere indipendente. Ed è quello che ha insegnato a me.*

tà di Barcellona con una sorta di ingenuo ottimismo, trovandosi però di fronte a un percorso molto più difficile di quanto pensasse. Dopo la laurea vorrebbe continuare il percorso di studi ma non sa dove. I suoi interessi continuano a essere molteplici mentre i suoi voti, che non sono eccellenti, le precludono di aspirare a un dottorato in facoltà. Un giorno però legge in bacheca un annuncio del dipartimento di ingegneria elettronica, dove gli studenti di fisica sono generalmente bene accetti. Con un piccolo assegno di ricerca comincia così a occuparsi dei sensori di radiazioni. «Attraverso l'ingegneria riesco a esprimere il mio lato creativo, approcciandomi solo a ricerche di cui vedo il potenziale attuativo. È quello che definisco 'crearsi obiettivi di lungo termine ma sensati'».

Neus trascorre degli anni a Tolosa, poi a Berlino, infine di nuovo a Barcellona, al IMB, dove le viene offerto di iniziare una nuova linea di ricerca. Lì lavora su microcomponenti in silicio, ma è con il test di gravidanza che avviene una svolta nelle sue ricerche e nella sua carriera, perché vede un potenziale sviluppo a partire dalla carta. Neus è determinata a portare la sua idea nel mondo e fin

da subito riscontra interesse da parte degli investitori. Tutti però le danno la stessa risposta: 'ritorna quando avrai un prodotto'.

In quegli anni la Spagna sta affrontando una severa crisi economica e lei ha dovuto lottare perfino per convincere l'istituto di ricerca a spendere gli ottomila euro necessari per brevettare la sua invenzione. Nessuno vuole investire in un prototipo che non sembra un prototipo. «In quel momento non so nemmeno io cosa avessi in corpo, ero pronta a tutto, anche a lavorarci nel mio garage, se fosse stato necessario». Decide

> *Attraverso l'ingegneria riesco a esprimere il mio lato creativo, approcciandomi solo a ricerche di cui vedo il potenziale attuativo. È quello che definisco 'crearsi obiettivi di lungo termine ma sensati'.*

perciò di investire i suoi risparmi in quell'idea. Studia per diventare un'imprenditrice, partecipa al *Barcelona Activa* e durante la pausa caffè conosce Sergi Gassó, anche lui catalano di ritorno dall'Inghilterra. Sono entrambi interessati a utilizzare le batterie di carta per i test diagnostici. Iniziano a collaborare, qualche tempo dopo sono dall'avvocato insieme a Juan Pablo Esquivel, collega di Neus e terzo fondatore di Fuelium. Con seimila euro sono diventati imprenditori. Adesso manca tutto il resto.

La società, nata nel 2015 come *spin-off* del CSIC, incontra all'inizio forti resistenze da parte del mondo industriale. Ancora prima di fondare Fuelium, i tre si fanno fare dei biglietti da visita e si muovono alla ricerca di potenziali clienti. Per gli industriali tuttavia il costo di adattare un processo produttivo non è compensato sufficientemente dal mercato, o forse, più che di costo, c'è un problema di mentalità. «Se oggi è normale pensare che la batteria debba nascere e morire assieme al prodotto limitando al massimo l'impatto ambientale, fino a pochi anni fa quasi nessuno si interessava di sostenibilità e circolarità. Piaceva la parola ma mancava l'interesse. Ora che i consumatori sono più attenti, è cambiata anche la propensione all'investimento. Le stesse aziende mi hanno chiamata tre anni dopo dicendo: 'eri tu che parlavi di sostenibilità? Ti ascolto'».

«Parlando con una ragazza oggi, le consiglierei quello che ai miei tempi non mi è stato detto, ossia di non ascoltare i genitori e soprattutto non pensare che con un certo tipo di studi avrai accesso a una professione migliore. Non sappiamo neppure quali saranno i lavori del futuro! Se ti dedichi a quello che ti piace, focalizzando lì la tua energia, probabilmente nel tempo diventerai brava, e a un certo punto sarà naturale trovarne un'applicazione. Nel frattempo intanto sarai felice, non è forse questa la cosa importante?»

MARIA FÁTIMA
LUCAS

ZYMVOL

DICE DI SÉ

«Se vuoi che la tua voce sia ascoltata, hai la necessità di sviluppare una personalità forte».

COSA LA MOTIVA OGNI GIORNO

«Il mio obiettivo è quello di trasformare il maggior numero possibile di processi chimici in processi più puliti».

DA DOVE NASCE L'IDEA

In natura esistono milioni, forse decine o centinaia di milioni di proteine, una cui sottoclasse è costituita dagli enzimi.

A sua volta, solo una frazione degli enzimi esistenti in natura ci è attualmente nota ed è oggetto di studio.

Con il sequenziamento del genoma umano si è sicuramente fatto un grande passo in avanti in tal senso, tuttavia la conoscenza di quanto avviene anche già solo all'interno del nostro organismo non è ancora completa. Cosa dire allora con riferimento agli altri organismi, di cui non conosciamo nemmeno il genoma? Banalmente, lo spuntare di una foglia, il suo aprirsi, ingiallire, deteriorare e cadere, sono tutti processi determinati dalle proteine.

Ogni essere vivente, animale ma anche vegetale, ha al suo interno migliaia di proteine e ogni suo movimento, trasformazione o ciclo naturale è determinato da queste componenti.

Spostandoci in ambito medico, la maggior parte delle malattie sono determinate dalla sovra-produzione o sotto-produzione di determinate proteine per cui il farmaco, nella maggior parte dei casi, svolge il compito di attivare o al contrario inibire una determinata proteina.

Nella gran parte dei trattamenti, una molecola (il medicinale) viene introdotta nel cor-po dove interagisce con la proteina. Le malattie vengono quindi normalmente trattate lavorando sulle singole proteine oppure sul DNA. Per esempio, in certe terapie contro il cancro vengono utilizzati entrambi gli approcci, anche se le cure che lavorano sul DNA sono spesso associate a effetti collaterali importanti, come la perdita dei capelli e delle sopracciglia. Le proteine, e in particolare gli enzimi, possono però fare molto di più, e questo è ciò che Maria Fátima studia da oltre sette anni.

QUANTA CHIMICA, ATTORNO A NOI

Le aziende chimiche sono spesso le protagoniste silenziose della tecnologia che trasforma, anche nel piccolo, la nostra quotidianità. Ci sono moltissimi esempi di questo, e io stessa mi sorprendo quando Maria Fátima comincia a elencarli. «Nell'alimentazione del bestiame vengono aggiunti degli enzimi che aiutano a mantenere l'animale in salute. Nei detersivi, speciali enzimi rendono possibile lavare il bucato a trenta gradi. Lo stesso avviene nell'industria cosmetica oltre che, ovviamente, nell'industria alimentare».

> Nei detersivi, speciali enzimi rendono possibile lavare il bucato a trenta gradi. Lo stesso avviene nell'industria cosmetica oltre che, ovviamente, nell'industria alimentare.

Spingendoci a fare un po' di chimica, possiamo vedere il modo in cui opera Zymvol in poche battute. Per innescare la reazione chimica desiderata si utilizzano delle speciali sostanze, dette catalizzatori. I catalizzatori sono generalmente dei metalli, come il platino, il rodio o organometalli che attivano la reazione chimica. In aggiunta ai catalizzatori tradizionali ci sono anche molecole biologiche, i bio-catalizzatori, che sono enzimi, cioè particolari proteine. Ad esempio nella digestione intervengono tutta una serie di enzimi che lavorano come catalizzatori scindendo le molecole e permettendone l'assorbimento.

Prendiamo come caso studio le persone che soffrono di intolleranza al latte. Il latte contiene un disaccaride, il lattosio, formato dall'unione di due zuccheri semplici: il galattosio e il glucosio. Il nostro corpo produce una proteina, o meglio un enzima, la lattasi, che scinde la molecola zuccherina del latte, permettendo così una corretta digestione e assimilazione delle sostanze nutritive. La produzione di questo enzima, che tende spontaneamente a ridursi con l'avanzare degli anni, sembra sia stata invece incentivata dall'adozione delle tecniche di pastorizia. Per questo, contrariamente a quanto avviene nelle altre specie animali, la maggior parte degli umani adulti è in grado di digerire correttamente il latte a tutte le età. Le persone che soffrono di intolleranza al lattosio, al contrario, non riescono a produrre l'enzima della lattasi in quantità sufficiente. Il latte 'senza lattosio' che viene venduto al banco frigo del supermercato, non è un latte a cui è stato tolto qualcosa, bensì un latte a cui è stato aggiunto l'enzima della lattasi e nel quale, quindi, è già stata indotta la scissione della molecola di zucchero nelle sue due componenti di galattosio e glucosio.

Lo stesso procedimento viene adottato anche in ambito farmaceutico. La progettazione di nuovi farmaci, di solito, parte dalla rappresentazione tridimensionale di una proteina, alla quale si cercano di associare piccole molecole compatibili. Zymvol svolge questo processo in direzione contraria così, partendo dalle molecole (che nell'esempio del latte sarebbe il lattosio), cerca gli enzimi in grado di attivare la reazione chimica (sempre in quell'esempio la lattasi). Sono strategie di ricerca diverse che rispondono a richieste del mercato diverse.

> *Il latte 'senza lattosio' che viene venduto al banco frigo del supermercato, non è un latte a cui è stato tolto qualcosa, bensì un latte a cui è stato aggiunto l'enzima della lattasi.*

ZYMVOL

Una chimica pulita

Missione:

-

*Democratizzare
l'utilizzo della chimica
pulita.*

ZYMVOL è il composto
di EnZYMe eVOLution.

L'azienda, fondata a Barcellona nel 2017 da Maria Fátima Lucas, Emanuele Monza e Victor Gil, è una biotech specializzata nella progettazione, nello sviluppo e nell'applicazione di un software di modellazione molecolare per la scoperta e l'ottimizzazione di enzimi e biocatalizzatori. I clienti, dislocati un po' in tutto il mondo, sono normalmente grandi aziende farmaceutiche, chimiche o biotech che utilizzano processi 'puliti' per la creazione, tra gli altri, di medicinali.

La produzione di composti può essere fatta utilizzando catalizzatori chimici contaminati oppure mediante catalizzatori biologici, come fa Zymvol. Gli enzimi, essendo biologici, sono ovviamente il modo green di ottenere ogni composto (tra cui i farmaci). L'azienda biotech, dove oggi lavorano quattordici esperti nella scoperta e nello sviluppo di enzimi, opera partendo da un database contenente tutti gli enzimi finora studiati e di pubblico dominio. Quando un cliente contatta Zymvol, perché sta cercando il modo per attivare un determinato processo chimico, il lavoro del team consiste nel ricercare all'interno del database esistente i biocatalizzatori più adatti. A questo scopo si utilizza un software di modellizzazione, con il quale si svolgono le ricerche, le simulazioni e talvolta si innova migliorando gli enzimi coinvolti in determinati processi chimici. Ciò porta in particolar modo alla creazione di nuovi enzimi e alla decisione strategica di brevettarli, avviandone la produzione.

Attualmente ci sono forse dieci aziende comparabili nel

mondo, di cui tre operano in modo simile. L'innovazione fondamentale, che è stata premiata dalla Commissione Europea, è per aver introdotto processi puliti di vasta applicazione, perché, come abbiamo osservato, l'utilizzo industriale di enzimi coinvolge moltissimi settori e prodotti.

Per il futuro, Zymvol vuole espandere la produzione di nuovi enzimi, passando così da fornitore di servizi e ricerca a essere l'azienda biotech produttrice di soluzioni biocatalitiche su misura per la farmaceutica e l'industria chimica.

Alcuni dati

Fondata:

-

2017

Dimensioni:

-

16 dipendenti

Finanziamenti:

-

€2,2Mln

UNA CASA PER I
POST-DOC

Con Zymvol, Maria Fátima dà la possibilità di un lavoro stabile e ben pagato per figure altamente professionalizzate che faticherebbero altrimenti a trovare collocazione al di fuori dei centri di ricerca. «Quindici anni fa, con una laurea e in aggiunta anche un dottorato, saresti stato normalmente in grado di ottenere un buon posto, mentre oggi ci sono molti più dottorati, eppure sempre meno posizioni per loro. Questo è il motivo per cui li vedi fare *post-doc* infiniti o spostarsi da un Paese all'altro per trovare un lavoro. La situazione dei finanziamenti in Spagna e in Portogallo è molto complicata perché, semplicemente, non ci sono abbastanza posizioni accademiche disponibili rispetto a quanti sarebbero qualificati per ricoprire il ruolo. Se riusciamo a creare una collocazione adeguata per queste persone, dando loro un buon motivo per non lasciare la Spagna, il Portogallo o l'Italia, credo valga la pena provarci».

MARIA FÁTIMA LUCAS

Maria Fátima è la quarta figlia di Maria Odete Assunçao e Hildebrando Lucas, una coppia portoghese che negli anni Sessanta emigra in Canada. In quel periodo, il Canada è uno dei migliori Paesi al mondo in termini di istruzione. Maria Odete e Hildebrando vogliono offrire ai propri figli l'opportunità di ricevere l'educazione che a loro è stata negata. Così, Maria Fátima e i fratelli crescono a Ottawa finché, all'età di otto anni, i suoi genitori smettono di lavorare. La famiglia si separa con i fratelli maggiori che rimangono oltreoceano e Maria Fátima, invece, ritorna con i genitori in Portogallo, in un'area molto industriale che però, oltre all'inquinamento, le offre già da piccola la possibilità di vedere da vicino i laboratori, i processi che avvengono nelle industrie e, come afferma lei stessa, «è stata l'occasione di confrontarmi con un mondo produttivo, dinamico, al quale prendevano parte molte donne che lavoravano nelle fabbriche».

Da sempre affascinata dalla chimica, si iscrive all'omonima facoltà dell'Università di Porto. Maria Fátima compie più di una scelta non per vocazione ma per contrapposizione, a dimostrazione del fatto che motivazioni differenti non condizionano la validità di un percorso. La prima di queste è la sua specializzazione in chimica computazionale. «Si chiamava chimica teorica e consisteva nel riprodurre le reazioni chimiche *in silico*, cioè al computer. Non mi piaceva l'attività di laboratorio e sono andata per esclusione». I suoi studi proseguono con il dottorato presso la stessa università, dove lavora la maggior parte del tempo alla progettazione di farmaci. Dopo il dottorato, dal Portogallo si sposta in Italia, a Cosenza, dove studia le simulazioni con metalli, come

> *Si chiamava chimica teorica e consisteva nel riprodurre le reazioni chimiche in silico, cioè al computer. Non mi piaceva l'attività di laboratorio e sono andata per esclusione.*

HO DECISO DI **FONDARE** LA SOCIETÀ PERCHÉ NON VOLEVO **RESTARE A CASA** A NON FAR NULLA E NON VOLEVO CHE MIO MARITO **SACRIFICASSE** LA SUA CARRIERA PER ME.

ad esempio i composti di platino, alla base di molti medicinali usati nella cura dei tumori. La sua ricerca si focalizza in particolare sull'interazione di questi metalli con il DNA.

Dopo un anno la aspetta un altro trasferimento, stavolta quello (forse) definitivo, a Barcellona. Maria Fátima trascorre nove anni presso il Barcelona Supercomputing Center, studiando metodologie per osservare l'interazione tra enzimi e piccole molecole, sempre nell'ottica della progettazione di farmaci, ma la svolta nella sua carriera avviene alla fine del 2016, quando le viene comunicato che il contratto con il Barcelona Supercomputing Center non sarebbe stato rinnovato. Maria Fátima pensa di lasciare la Spagna e sta pianificando la partenza quando suo marito, che in quel periodo ha appena ottenuto il lavoro a cui ambiva da tempo, le chiede di trattenersi ancora un paio di anni. Maria Fátima accetta e, ancora una volta, sceglie in contrapposizione. «Ho deciso di fondare la società perché non volevo restare a casa a non far nulla e non volevo che mio marito sacrificasse la sua carriera per me. A quel punto avevo bisogno di un lavoro. Cosa c'è di meglio che crearsene uno?»

In Spagna esiste un assegno di disoccupazione che copre il mancato guadagno nei due anni successivi al licenziamento. Il denaro può essere percepito mensilmente oppure tutto in una volta. Maria Fátima sceglie la seconda opzione e investe personalmente la sua disoccupazione fondando Zymvol assieme a Emanuele Monza e Victor Gils.

Pochi mesi dopo sono sul mercato con il software da loro sviluppato e l'azienda comincia a produrre utili. Maria Fátima si trova quindi, quasi suo malgrado, a ricoprire il ruolo dell'imprenditrice. È una scelta che la costringe a cambiare il suo modo di relazionarsi.

«Non so se essere una donna dia dei vantaggi; ad esempio, non credo di avere tutte quelle capacità comunicative che vengono generalmente associate alla componente femminile, perché quando ho cominciato ragionavo da ricercatrice. Gli scienziati tendono ad essere topi di biblioteca e a sentirsi maggiormente a loro agio di fronte a un computer che non di fronte alle persone. Tendiamo poi a utilizzare un linguaggio molto tecnico, che risulta incomprensibile a chi non è del settore. Nel tempo, quindi, ho dovuto imparare a relazionarmi e a comunicare quello che stavo facendo. Ho studiato un po' di economia quando ho fondato l'impresa, ma continuo a credere che le qualità più difficili da sviluppare siano i soft skill, motivo per cui uno scienziato che voglia fare impresa e abbia un carattere, diciamo, 'spigoloso', ha un grande bisogno di circondarsi di persone in grado di gestire le operazioni quotidiane e tutto ciò che riguarda il coinvolgimento e la motivazione delle persone in azienda».

Zymvol, nonostante sia profondamente tecnologica, è un'azienda bilanciata in termini di presenza maschile e femminile, ma per Maria Fátima l'obiettivo principale è quello di democratizzare la modellizzazione molecolare e rendere accessibili le simulazioni al computer. «La chimica ormai ha una pessima reputazione a causa dell'impatto ambientale, nonostante sia alla base di ormai ogni oggetto presente nelle nostre case. Possiamo sostituire questo modo di operare sintetico con uno green e il mio obiettivo è quello di trasformare il maggior numero possibile di processi chimici in processi più puliti».

> *La chimica ormai ha una pessima reputazione a causa dell'impatto ambientale, nonostante sia alla base di ormai ogni oggetto presente nelle nostre case.*
>
> *Possiamo sostituire questo modo di operare sintetico con uno green.*

La tecnologia negli anni fa passi da gigante, rendendo possibile ciò che è impensabile solo qualche tempo prima.

«All'inizio era davvero complesso studiare chimica computazionale e lo si poteva fare solamente all'università», racconta Maria Fátima, «perché i computer domestici non raggiungevano una potenza dei processori adeguata. Di recente invece ho avuto uno studente, mi sembra avesse diciassette anni, che non sapeva granché di chimica, biologia o fisica, ma comunque ha fatto un lavoro molto bello. Se ti piacciono la grafica e la modellizzazione, oggi è sufficiente scaricare un software e cominciare a lavorarci e non serve trovarsi all'università. Si può anche fare da casa. Sarebbe bello se ci fossero più corsi, già al liceo, che insegnano la modellizzazione, perché anche se per capire davvero quello che si sta facendo serve una conoscenza profonda dell'argomento, si possono comunque avere delle grandi soddisfazioni. La parte grafica e visuale è bella e accessibile anche per chi non ha il background di studio necessario. E poi, succede tutto sullo schermo, per cui è anche molto meno pericoloso de 'Il Piccolo Chimico'!»

ÖZGE
AKBULUT

SURGITATE

DICE DI SÉ

«Penso che l'unica cosa importante sia essere se stessi, cioè essere autentici».

COSA LA MOTIVA OGNI GIORNO

«La mia soddisfazione è nel definire un prodotto di cui posso controllare le proprietà attraverso la scienza, usandola per ottenere qualcosa di tangibile».

DA DOVE NASCE L'IDEA

Ogni anno quasi due milioni di donne nel mondo sviluppano un tumore al seno. Dopo la diagnosi, le chances di guarigione e le possibilità di cura variano fortemente a seconda dell'area geografica. Nei Paesi ad alto reddito, il tasso di mortalità è infatti di uno su dieci, mentre nelle aree più povere il cancro al seno è fatale per una donna su due. Quanto alle cure, poi, metà delle donne vive in Paesi senza accesso a tecniche di terapia ricostruttiva. Questo significa che la procedura operatoria comporterà inevitabilmente l'asportazione totale del seno, non per una necessità clinica, ma per mancanza di formazione oncoplastica.

Il prodotto alla base di Surgitate nasce dall'idea di un medico chirurgo, il quale chiede a Özge se sarebbe in grado di produrre un modello di seno artificiale su cui allenare gli specializzandi. Özge è un ingegnere dei materiali specializzato nello studio dei polimeri e sente di poter dare una mano. «Mi sono sentita particolarmente coinvolta perché è un problema tutto femminile, che riguarda un numero molto elevato di donne e si tratta di una procedura invasiva, anche da un punto di vista psicologico. L'esito dell'intervento può variare molto anche a livello estetico e per questo è importante creare un oggetto in silicone quanto più realistico al momento del taglio. Voglio far sì che i chirurghi possano imparare prima e imparare meglio, invece di formarsi esclusivamente sulla pelle dei pazienti».

È importante creare un oggetto in silicone quanto più realistico al momento del taglio. Voglio far sì che i chirurghi possano imparare prima e imparare meglio, invece di formarsi esclusivamente sulla pelle dei pazienti.

COME ACCADEMICA
MI ADOPERO
PER RENDERE LA
**CONOSCENZA
ACCESSIBILE**, PER
CUI HO PENSATO A
UN PRODOTTO CHE
POSSA ESSERE PER
TUTTI I **CHIRURGHI**
DEL **MONDO**

SURGITATE

L'educazione chirurgica in silicone

Spin-off dell'Università Sabanci

Missione:

-
Rendere la formazione chirurgica accessibile in tutti i luoghi del mondo.

L'acceleratore universitario Inovent e l'Arya Women Investment Platform, sono tra i primi investitori e l'azienda riesce in breve tempo a sviluppare e commercializzare il suo prodotto: un modello di seno in silicone.

Il seno artificiale è un composito di quattro materiali differenti tra loro stratificati, in modo da fornire allo studente una sensazione estremamente realistica circa i differenti tessuti. È un'alternativa efficace ed economica rispetto ai prodotti oggi presenti sul mercato, ossia i modelli di busto intero che costano dieci volte tanto. L'intenzione di Özge è quella di combinare accessibilità, alta qualità e convenienza in un prodotto tecnologicamente avanzato che possiede un forte impatto sociale, contribuendo al miglioramento della formazione chirurgica e al contempo abilitandola

Nei Paesi ancora meno sviluppati, tuttavia, l'accesso all'educazione chirurgica è molto difficile e non si può pensare di far volare in giro per il mondo i medici specialisti. La mia sfida è quella di rispondere a una domanda precisa: 'come raggiungere quelle aree, creando occasioni di formazione chirurgica anche nelle zone più remote e più povere?'

Alcuni dati

Fondata:

-

2014

Il nome viene dal composto "imitare la chirurgia".

anche al di fuori delle università.

La destinazione naturale del seno in silicone è la formazione specialistica, in particolare nei Paesi a reddito medio-basso. Özge comincia fin da subito a lavorare con le associazioni non governative che si occupano di oncloplastica. «Le metodologie di insegnamento tradizionali» racconta Özge «seguono normalmente uno schema gerarchico, secondo il quale il chirurgo esperto insegna a quello giovane. Nei Paesi ancora meno sviluppati, tuttavia, l'accesso all'educazione chirurgica è molto difficile e non si può pensare di far volare in giro per il mondo i medici specialisti. La mia sfida è quella di rispondere a una domanda precisa: 'come raggiungere quelle aree, creando occasioni di formazione chirurgica anche nelle zone più remote e più povere?'» Özge cerca una soluzione attraverso l'insegnamento a distanza, inviando un modello di seno nelle case degli specializzandi e sfruttando la tecnologia esistente per costruire programmi di apprendimento efficaci e misurabili. A questo proposito sta collaborando con l'Università di East Anglia, che offre un programma online specifico dedicato all'oncoplastica, e l'Università Heriot-Watt. «Quando riusciremo a mettere in piedi questo progetto», racconta, «per diventare un chirurgo basterà accedere al servizio postale e una buona connessione internet».

Nel frattempo, Surgitate programma di ampliare l'offerta a nuovi mercati con modelli di bruciature, cheiloschisi e ostruzioni vaginali.

Al momento, il prodotto viene venduto all'interno di seminari per interventi di oncoplastica, anche se l'idea è quella di estendere la distribuzione alle scuole e all'insegnamento a distanza. «Finora», racconta Özge, «questo modello ha dimostrato di funzionare molto bene. Adesso punto a rendere accessibile l'istruzione medico-chirurgica. Chiediamo al governo vaccini per tutti, cure mediche per tutti, ma non ci preoccupiamo del fatto che l'educazione medica sia molto inegualitaria. A me questo non piace e lo trovo sbagliato. Come accademica mi adopero per rendere la conoscenza accessibile, per cui ho pensato a un prodotto che possa essere per tutti i chirurghi del mondo».

I programmi di insegnamento a distanza sollevano il non semplice problema di misurare la performance di chi sta imparando. Non tutti gli ambiti si prestano infatti ai test a crocette o a un esame teorico. Nel caso dell'apprendimento di procedure chirurgiche, l'attuale tecnologia rende possibile strategie molto avanzate, che vanno dal tracciamento degli occhi a quello delle mani. Si è visto infatti che sussistono reali differenze, monitorabili e quantificabili, nel movimento degli occhi in un chirurgo esperto e di uno inesperto. Lo stesso vale per i movimenti delle mani. Programmi di valutazione a distanza che utilizzino queste tecnologie sono molto ambiziosi, ma rivoluzioneranno il modo in cui oggi si insegna chirurgia.

REOLOGIA DEL CEMENTO

Il tempo di Özge si dispiega tra mille progetti e, da Surgitate, il discorso si sposta in modo naturale su un'altra invenzione da lei brevettata, che riguarda la reologia del cemento. La reologia studia e predice il comportamento della materia che fluisce o si deforma per effetto di uno stato di sollecitazione. Nel processo industriale di lavorazione dei materiali, lo studio della reologia permette di controllare le lavorazioni, determinando ad esempio la viscosità dei liquidi e l'indurimento dei calcestruzzi.

Questi argomenti sono forse più vicini all'ambito di specializzazione di Özge e, sebbene l'alto grado di tecnicismo rischi di offuscarne la rilevanza, corriamo il rischio e prendiamo in prestito alcuni esempi dalla vita di tutti i giorni.

Per spiegarmi in cosa consista la sua invenzione, Özge utilizza la metafora del pasticcere. «Spremendo un *sac a poche* di panna o di crema, possiamo produrre gli oggetti uno strato alla volta, come ad esempio quando decoriamo una torta. Quest'azione, in ambito industriale, si chiama 'manifattura additi-va' (anche nota come stampa 3D); si tratta di fare le cose a strati invece che dargli forma in uno stampo. Invece della panna, io uso le sospensioni ceramiche. Studiare le forze, principalmente di repulsione elettrostatica tra le particelle, permette di valutare la 'stampabilità' di una superficie cementizia e creare inchiostri ceramici compatibili». Il lavoro di Özge consiste proprio nel creare diversi 'inchiostri ceramici' per la stampa 3D. Si tratta, in fondo, di adattare il materiale per renderlo più funzionale a un uso industriale.

SULL'ESSERE DONNA

«Penso di essere nata fortunata. Considero l'essere donna un privilegio e non ho mai dovuto confrontarmi con discriminazioni nei miei confronti. Tuttavia, come donne, siamo spinte a fare delle scelte, per esempio se lavorare molto o prenderci più cura dei bambini o degli anziani. Questo si traduce spesso in una scelta che coinvolge la carriera: si privilegia il lavoro più flessibile in funzione di un dovere percepito. Penso che sia chiaramente questo il motivo per cui si vedono poche donne in posizioni apicali. Vuoi avere una carriera ed essere presente in casa? Ti viene richiesto il 50% del lavoro in più rispetto a un collega uomo. Credo che queste disuguaglianze potrebbero essere ridotte eliminando le domande supplementari a cui gli uomini non devono rispondere, ma le donne sì».

SULL'ESSERE GENITORE

«La questione non è la presenza di un bambino in sé, quanto l'assistenza all'infanzia. Un paio di anni fa a Ginevra mi sono stati fatti notare i numeri che tutti conosciamo: ci sono molte donne laureate, meno donne che studiano per il dottorato, ancora meno donne nel *post-doc*. Ho risposto con altri numeri, facendo un po' di conti. Se lo stipendio di un *post-doc* è di 3.500 dollari e il costo dell'assistenza all'infanzia è di 2.200 dollari, significa che una donna con un *post-doc* sta lavorando per 1.300 dollari al mese. Entra in un laboratorio, si costruisce una carriera, e poi si chiede: 'perché devo rinunciare a due terzi dello stipendio per poter lavorare e avere un figlio?' In Turchia l'ambiente è molto competitivo, ma almeno si riceve grande supporto da parte della famiglia. Questo è un sollievo, ma non una soluzione».

ÖZGE AKBULUT

Özge è una donna di una bellezza mediterranea e il suo sorriso sembra nascondervi dietro un filo di malinconia, che rimanda alla storia di Sherazade e a una notte di luna piena. Nata e cresciuta in Turchia, Özge è figlia di un'insegnante e di un ingegnere elettrico. La sua è una famiglia comandata dalle donne. «Anche nel mio percorso lavorativo sono stata accompagnata da donne di carattere: Guler Sabanci, presidentessa del Comitato di Fondazione dell'Università Sabanci, e poi Ahu Serter, presidentessa della Fark Holding e fondatrice di Arya Women Investment Platform, una realtà straordinaria in Turchia, alla quale possono aderire solo delle donne che investono in altre donne. Ahu è ancor oggi mia investitrice e mentor».

Özge da piccola soffre di asma allergico, motivo per cui non esce molto. In cambio legge già in tenera età i libri che avrebbe dovuto studiare cinque anni dopo. Dell'infanzia ricorda l'ostinazione con cui gioca ad assemblare i lego. Tra le sue costruzioni preferite ci sono i ponti. Le chiedo quale sarebbe il suo consiglio per una ragazza di oggi.

Ci pensa un po'. «Di solito evito di dare suggerimenti, perché penso che l'unica cosa importante sia essere se stessi, cioè essere autentici».

Nelle sue risposte, precise e succinte, non c'è desiderio di nascondersi, ma una traccia leggera di pudore. Già da piccola ha la passione per l'ottimizzazione e nel suo petto, racconta, batte da sempre il cuore dell'ingegnere. Si iscrive alla facoltà di ingegneria e in modo naturale si orienta progressivamente verso l'ingegneria dei materiali. «La scienza che faccio, è quella che alla fine del processo posso tenere tra le mani. La mia soddisfazione è nel definire un prodotto di cui posso controllare le proprietà attraverso la scienza, usandola per ottenere qualcosa di tangibile».

Özge si laurea in Turchia, prosegue con un dottorato al MIT di Boston, spostandosi poi ad Harvard per il *post-doc*. «Se vuoi inventare qualcosa», racconta Özge a proposito della sua esperienza, «devi prima conoscere a fondo la materia. Amo andare in profondità delle cose e a vent'anni già sapevo che sarei voluta diventare un'accademica, così da poter lavorare alle mie idee. Prima ho scelto il lavoro, poi ho fatto quanto occorreva per arrivarci». Dell'accademia dice di amare in particolar modo la libertà, la flessibilità di poter occupare il tempo con ciò che le piace. Le pubblicazioni sono spesso anche lo strumento per tutelare la proprietà intellettuale delle scoperte. «Nell'industria dei silico-

Sono tornata per un motivo molto semplice: tutte le mie scelte sono dettate dal desiderio di massimizzare l'impatto. Qui in Turchia il mio impatto sarebbe stato più significativo che non negli Stati Uniti.

ni» spiega «non è facile ottenere un brevetto, essendoci così tanti prodotti e applicazioni. Non è stato ad esempio possibile brevettare il seno, pur essendo l'unico silicone pensato specificamente per la chirurgia. È stato molto più semplice con la reologia».

Nel 2012 è un buon momento per tornare, la Turchia è un ecosistema fiorente e Özge decide di mettere in piedi la sua azienda a Gebze, poco lontano da Istanbul. «Sono tornata per un motivo molto semplice: tutte le mie scelte sono dettate dal desiderio di massimizzare l'impatto. Qui in Turchia il mio impatto sarebbe stato più significativo che non negli Stati Uniti. Abbiamo un'ottima università, dove dispongo della stessa qualità di materiali e laboratori che avrei nelle migliori università americane. Ci sono meno finanziamenti, senza dubbio, sebbene la Turchia acceda a quelli europei, ma questo è il luogo dove sento di potermi realizzare al massimo».

Non è semplice procedere lungo due binari, quello accademico e quello dell'impresa, muovendosi continuamente tra pensiero scientifico ed economico. Si tratta infatti di un passaggio per nulla scontato e che richiede competenze molto diverse, oltre ad una grande flessibilità per adattare il proprio pensiero. Özge lavora ancora nell'accademia, ma avviare un'azienda richiede molto tempo. In una giornata tipo scrive su argomenti che riguardano la sua ricerca, gestisce il business, risponde a potenziali clienti anche quando è nel mezzo della stesura di un articolo, sviluppa equilibrismi tra le richieste dell'università e quelle dell'industria. Viene naturale chiedere come faccia, a cosa si debba rinunciare, e Özge risponde con franchezza e col sorriso: «diciamo semplicemente che negli ultimi otto anni ho fatto gran poca vita sociale!»

Le piace indossare diversi abiti. Questo è evidente già dalla home del suo sito intitolato 'Özge Akbulut, Seno & Cemento, Inchiostro'. Cos'abbiano in comune Özge, un modello di seno in silicone e la reologia è lei stessa a svelarmelo con aria divertita: «tutti i materiali scorrono. Anch'io scorro, o meglio diciamo che faccio scorrere le cose, in un modo o nell'altro».

«Ho deciso di restare nel mondo dell'università», racconta, «per poter soddisfare il mio lato creativo. Mi vengono molto spesso nuove idee e mi annoio in fretta, per cui non posso restare al cento per cento su un singolo progetto. In questo momento ne porto avanti otto in diverse società e con diversi partner universitari. Surgitate è solo qualche pagina della mia agenda, forse occupa il 15% del mio tempo. Non me la sono mai sentita di lasciare andare tutte le altre idee per una sola».

Oggi Özge si dedica principalmente agli aspetti finanziari delle sue molteplici aziende, finendo talvolta per far ricerca invece sui prodotti di altre startup. Sono scelte, le sue, che vanno oltre il desiderio di arricchirsi. «L'aspetto economico ovviamente è nei miei pensieri, soprattutto quando si tratta di impiegare i soldi altrui. Quando sperimento, tengo sempre presente che il denaro, soprattutto quello pubblico, proviene dalle tasse di chi lavora. Come accademici ci viene chiesto di agire per la società e portare un contributo esteso a tutti. La nostra ricerca deve procurare un beneficio effettivo alla società».

INNA
BRAVERMAN

ECO WAVE POWER

DICE DI SÉ

«Mi sono sempre chiesta come potessi fare qualcosa di buono per restituire alla vita il favore ricevuto».

COSA LA MOTIVA OGNI GIORNO

«La passione è la più grande fonte di energia rinnovabile».

DA DOVE NASCE L'IDEA

Due terzi della popolazione mondiale vivono sulla linea costiera, ossia entro 200 chilometri dal punto in cui la terra tocca il mare. Le grandi masse d'acqua, che ricoprono circa il 70% del pianeta, cominciano ora ad attrarre l'attenzione mediatica, vuoi per la loro tutela, vuoi per il loro sfruttamento.

L'Europa, trascinata dai paesi nordici, promuove da oltre un decennio politiche per l'incentivazione all'utilizzo di fonti energetiche pulite e, tra queste, una riserva straordinaria è contenuta nell'acqua di mari e oceani. Nel complesso, il Consiglio Mondiale dell'Energia stima che il movimento delle grandi masse d'acqua del pianeta sia potenzialmente in grado di generare fino a due volte la quantità di energia elettrica attualmente utilizzata a livello globale. L'onda del mare infatti possiede un'energia cinetica altamente concentrata (basti pensare che l'acqua è circa 832 volte più densa dell'aria). Ciò significa che l'onda marina può generare una quantità significativa di energia utilizzando dispositivi molto piccoli.

L'energia del moto ondoso, che sfrutta la cinetica di mari e oceani, viene classificata tra le energie alternative e rinnovabili. Essa è tendenzialmente stabile ed entro certi limiti prevedibile, al contrario per esempio dell'energia solare, che viene generata solo durante il giorno ed è ostacolata dalla presenza di nubi e dall'inquinamento atmosferico. Inoltre, rispetto ad altre fonti di energia rinnovabile, il moto ondoso offre un alto grado di flessibilità nello sfruttamento di onde a diversa intensità.

Il settore energetico del moto ondoso è un ambito di recente sperimentazione ed è al centro di vari progetti di ricerca europei nel campo delle energie rinnovabili che si basano su diverse tecniche e modelli ingegneristici quali il generatore a colonna d'acqua oscillante, i sistemi ad ondata, quelli fondati sull'ampiezza dell'onda o che utilizzano il principio di Archimede.

Attualmente il mercato dell'energia marina opera quasi esclusivamente *off-shore*, a circa quindici chilometri dalla costa. Questo comporta costi molto alti per la realizzazione e la manutenzione degli impianti stessi nonché per il trasporto dell'energia, il che ha condotto allo sviluppo di impianti molto piccoli e poco affidabili in caso di mare grosso, con conseguenti difficoltà ad assicurare gli impianti dai danni causati dalle intemperie.

Inna Braverman, con Eco Wave Power, lavora ormai da dieci anni alla creazione di tecnologie innovative sfruttando le costruzioni marittime già esistenti per produrre energia elettrica pulita dal moto ondoso.

LA **PASSIONE** È
LA PIÙ GRANDE
FONTE DI ENERGIA
RINNOVABILE.

L'INNOVAZIONE È FIGLIA DELLA PASSIONE

Eco Wave Power è un'azienda pionieristica nel settore energetico. Molte volte arrivare per primi non è semplice ma, come dice Inna, «la passione è la più grande fonte di energia rinnovabile».

> *So per certo che devi essere tu il primo a credere in te stesso.*
>
> *Devi essere disposto a impegnarti seriamente e, non da ultimo, ti servirà un po' di fortuna, perché puoi avere la stoffa dell'imprenditore, ma se cominci a lavorare alla tua idea nel posto o nel momento sbagliato, diventa tutto molto ma molto più complicato.*

«Avevo ventiquattro anni» racconta «quando ho fondato Eco Wave Power e pensavo ingenuamente che forse, dico forse, avrei potuto raggiungere i miei obiettivi senza soldi, senza contatti e probabilmente anche senza l'esperienza necessaria. Tuttavia so per certo che devi essere tu il primo a credere in te stesso. Devi essere disposto a impegnarti seriamente e, non da ultimo, ti servirà un po' di fortuna, perché puoi avere la stoffa dell'imprenditore, ma se cominci a lavorare alla tua idea nel posto o nel momento sbagliato, diventa tutto molto ma molto più complicato».

Inna adesso ha trentaquattro anni. A distanza di dieci dall'inizio della sua avventura imprenditoriale, non si è spenta in lei la passione per ciò che fa. Le sue parole, e il suo sorriso, comunicano la gioia di chi trova un senso nel suo operare. «Amo il fatto che questo non sia solamente un altro prodotto sul mercato. Sento intimamente di fare qualcosa di utile per il mondo; sento di restituire qualcosa. Molte persone vanno volentieri in ufficio ogni giorno perché sono soddisfatte del loro lavoro e si trovano bene con il gruppo di colleghi. Quando a questo aggiungi il fatto di realizzare qualcosa che

> *Quando i bambini guardano in alto alle persone che sono riuscite a raggiungere traguardi importanti nel loro ambito, possono pensare che il loro successo sia legato al fatto di essere nati da una buona famiglia, con contatti influenti, o dall'aver ricevuto un'educazione elitaria.*
> *Per qualcuno con la mia storia, che è esattamente agli antipodi, ricevere un riconoscimento del genere dà un grande senso di realizzazione.*

del pianeta. Le chiedo come ci si senta, nel suo ruolo. «Quando i bambini guardano in alto alle persone che sono riuscite a raggiungere traguardi importanti nel loro ambito, possono pensare che il loro successo sia legato al fatto di essere nati da una buona famiglia, con contatti influenti, o dall'aver ricevuto un'educazione elitaria. Per qualcuno con la mia storia, che è esattamente agli antipodi, ricevere un riconoscimento del genere dà un grande senso di realizzazione e sarei fiera di sapere che ho ispirato ragazze con alle spalle una storia simile alla mia.

> *Tutti, da piccoli, abbiamo dei sogni, ma strada facendo spesso vi rinunciamo, perché non ci riteniamo in grado di superare gli ostacoli tra noi e il nostro desiderio.*
> *Non rinunciate. Passione e dedizione rendono ogni obiettivo possibile.*

reputi estremamente utile, non è forse un motivo in più per essere soddisfatti?»
Inna Braverman viene nominata da 'Medium.com' tra le cento persone più influenti

Tutti, da piccoli, abbiamo dei sogni, ma strada facendo spesso vi rinunciamo, perché non ci riteniamo in grado di superare gli ostacoli tra noi e il nostro desiderio. Non rinunciate. Passione e dedizione rendono ogni obiettivo possibile».

«Ci sono tantissime persone con storie straordinarie. Una è sicuramente Jack Ma, il fondatore di Alibaba. Di lui mi piace l'onestà con cui parla dei suoi fallimenti, come quando non è stato assunto nemmeno per friggere il pollo da KFC, o quando non riusciva ad entrare all'università che voleva. È stato rifiutato da tutti prima che arrivasse per lui il successo planetario. Mi piacciono le persone che non hanno avuto la vita facile, perché lì è dove si manifesta con maggior forza la loro passione. – 'Passione' non ha forse la stessa origine della parola 'sofferenza'? – Trovo molto più interessante una storia costruita attorno agli ostacoli e alle sfide, anche, forse soprattutto, quelle non vinte».

ECO WAVE POWER

Un oceano di energia

Missione:

-

Installare i parchi galleggianti sulle coste di tutto il mondo.

Fondata a Tel Aviv nel 2011, Eco Wave Power si distacca nettamente dai modelli esistenti per lo sfruttamento del moto ondoso. L'azienda ha all'attivo lo sviluppo e il brevetto per una tecnologia innovativa ed è l'unica azienda al mondo a possedere e operare un impianto 'cimoelettrico' (cioè destinato alla produzione di energia elettrica a partire dal moto ondoso) che si collega direttamente all'infrastruttura elettrica esistente.

Lo sfruttamento del moto ondoso avviene attraverso dei galleggianti che vengono mossi su e giù dalle onde. I galleggianti sono assicurati al frangiflutti (o qualsiasi altro tipo di struttura marittima), e il loro movimento si trasmette a un pistone che comprime del liquido idraulico. Un accumulatore a riva immagazzina il fluido compresso e, al suo rilascio, l'energia aziona un motore idraulico. Questo a sua volta è collegato a un generatore elettrico che produce energia pulita. Il fluido idraulico ritorna quindi nel serbatoio, dove rimane in attesa dell'onda successiva.

I galleggianti sono collegati alle banchine, ai frangiflutti e alle strutture in cemento già presenti sulla costa. Non c'è, quindi, un impatto sull'ambiente marino e si sfruttano invece i manufatti umani preesistenti.

Alcuni dati

Fondata:
-
2011

Pipeline:
-
254 MW

Uffici:
-
Svezia, Israele,
Gibilterra, Portogallo,
Australia, Messico e
Cina.

L'innovazione di Eco Wave Power parte dalla volontà di creare un dispositivo economico, ma soprattutto si basa sull'utilizzo del paesaggio costiero esistente, perché i galleggianti sono collegati alle banchine, ai frangiflutti e alle strutture in cemento già presenti sulla costa. Non c'è, quindi, un impatto sull'ambiente marino e si sfruttano invece i manufatti umani preesistenti. Anche i galleggianti, alla fine del loro ciclo di vita, vengono integralmente riciclati.

David Leb, imprenditore seriale canadese che ha un surf camp a Panama, è il primo a credere nel progetto e vi partecipa personalmente investendo un milione di dollari per dar vita alla società. Nel tempo, a queste risorse si aggiungono premi, due round di investimenti, il finanziamento da parte di ERDF (il Fondo Europeo per lo Sviluppo Regionale), l'Horizon 2020 della Commissione Europea e, per ultimo, le risorse stanziate dal Ministero dell'Energia israeliano per l'impianto marittimo di prossima creazione. Nel luglio del 2019, Eco Wave Power diventa la prima società israeliana quotata al Nasdaq di Stoccolma.

La strada che conduce dall'idea al mercato è tanto articolata quanto di successo: passa attraverso la definizione di un prodotto, che nel 2011 viene testato in una piscina dell'Istituto Idromeccanico di Kiev, quindi in condizioni naturali, in Crimea, nei due anni successivi, mentre l'azienda sviluppa contatti con l'amministrazione del porto di Giaffa per iniziare le applicazioni infrastrutturali. La progettazione del sistema di galleggianti infatti si interseca con la predisposizione dell'infrastruttura: nel 2016, a cinque

Molti Stati vorrebbero l'innovazione ma non hanno una regolamentazione che la incentivi. Questo dipende principalmente dal quadro giuridico e regolatorio e dalle tariffe applicate ai produttori di energia marina per collegarsi alla rete elettrica esistente. L'Italia è molto attrattiva sotto questo profilo.

anni di distanza dalla sua fondazione, Eco Wave Power realizza il primo impianto cimoelettrico a Gibilterra.

Attualmente l'azienda sta collaborando con Électricité de France, una delle più grandi società elettriche a livello mondiale, per la costruzione di un impianto in Israele. Nel frattempo chiude un accordo con il Porto-

gallo. Inna parla del futuro e racconta che possibili espansioni riguardano anche l'Italia. «Molti Stati vorrebbero l'innovazione ma non hanno una regolamentazione che la incentivi. Questo dipende principalmente dal quadro giuridico e regolatorio e dalle tariffe applicate ai produttori di energia marina per collegarsi alla rete elettrica esistente. L'Italia è molto attrattiva sotto questo profilo». Il prossimo obiettivo dell'innovativa imprenditrice è quello di rafforzare l'azienda da un punto di vista finanziario e delle risorse umane per consentire lo sviluppo più rapido di nuovi progetti. Ma soprattutto, per Inna, esiste un potenziale in ogni spiaggia del mondo e ogni cubo di cemento inutilizzato è un *hub* potenziale dove installare il prossimo parco galleggiante.

Inna ha chiaro il ruolo dei governi nelle possibilità di sviluppo delle rinnovabili e auspica, in un orizzonte di medio-lungo periodo, forme di regolamentazione che integrino questa tecnologia già in fase di realizzazione delle nuove infrastrutture, contribuendo così ad incentivare ancor più la produzione di energia pulita.

"MI SCUSI, ESPRESSO PLEASE!"

«Essere un imprenditore è difficile ed essere una donna, soprattutto nei settori tradizionalmente più maschili, è un livello di difficoltà aggiuntivo. Spesso mi rendo conto di essere l'unica donna nella stanza e il fatto di essere sempre l'unica, a prescindere da chi sei o cosa fai, è qualcosa che alla lunga mina la tua sicurezza. Poiché le controparti non sono abituate a vedere una donna, desumono che questa non abbia nulla di importante da dire. Nei primi incontri di lavoro ero anche più giovane; mi sono presto resa conto che tutti si rivolgevano a David, ignorando la mia presenza. Più di una volta mi è successo di prepararmi la notte per una presentazione, entrare nella stanza e sentirmi chiedere se potevo portare un caffè. Inutile dire che è stato umiliante. Oggi vorrei una regolamentazione che agevoli la presenza di altre donne come me in questi contesti».

QUASI INESISTENTI

«Ora va di moda promuovere le donne, ci sono molti fondi, premi e supporti finanziari dedicati ma, quando si entra nel dettaglio, il contenuto è davvero offensivo. Si tratta di pre-pre-seed (cioè la fase embrionale del finanziamento), importi da cinquantamila, centomila dollari. Sono politiche che dovrebbero aiutare? O rinforzano solo l'idea che le donne non possano gestire grandi somme di denaro? Il 99% dei soldi dei venture capitalist vanno a imprenditori uomini e solo l'1% a donne. Questo nonostante il numero di imprenditrici sia in proporzione nettamente superiore all'1%. È estremamente raro poi che un'impresa femminile ottenga un secondo round di investimenti. Siamo il 50% della popolazione mondiale, ma quasi inesistenti da un punto di vista finanziario. Quanto è triste tutto questo?»

INNA BRAVERMAN

Inna Braverman nasce l'11 aprile 1986 in un piccolo paese dell'Ucraina. Due settimane dopo la sua nascita, la centrale nucleare di Cernobyl esplode.

Lei è una dei bambini gravemente colpiti dagli effetti negativi del disastro. A causa dell'elevatissimo tasso di inquinamento dell'aria subisce un arresto respiratorio e la madre, chinandosi sulla culla, si rende conto che la neonata è pallida e bluastra. Non c'è battito cardiaco. Inna è clinicamente morta. Sua madre, all'epoca infermiera, le pratica la respirazione bocca a bocca e soffia in lei la vita, per la seconda volta.

Inna racconta spesso questa storia per spiegare il desiderio, quasi un bisogno, di valorizzare il significato della sua sopravvivenza. «Da piccola non pensavo necessariamente all'energia rinnovabile, almeno non consapevolmente, però in qualche modo era già tutto dentro di me. L'impianto di Chernobyl, ricordiamolo, era destinato alla produzione di energia elettrica. Mi sono sempre chiesta come potessi fare qualcosa di buono per restituire alla vita il favore ricevuto».

Quando Inna ha quattro anni, la famiglia si trasferisce ad Akko, in Israele. Negli anni Novanta, Akko è una piccola cittadina senza nemmeno un centro commerciale o un cinema. Inna frequenta il liceo di zona, per poi iscriversi a scienze politiche e letteratura inglese all'Università di Haifa.

La scelta di studiare scienze politiche è dettata dal desiderio di poter esprimere la propria voce. In quel periodo, infatti, non si parla ancora di energia rinnovabile e di sicuro non è un argomento sulla bocca di molti. La politica, invece, attraverso la regolamentazione e il dibattito, ha il potere di generare un forte impatto sulla vita di tutti, incentivando l'innovazione di cui Inna, in modo ancora non del tutto esplicito, vuole essere

Un imprenditore non dovrebbe perdersi nei dettagli del prodotto, ma avere una visione più ampia.

una promotrice. Dopo l'università inizia a lavorare come traduttrice dall'inglese all'ebraico per un'azienda energetica e, pochi mesi dopo aver lasciato quel lavoro, incontra David Leb. Entrambi sono interessati alle rinnovabili e stanno cercando un modo di sfruttare l'energia del mare. I due fondano Eco Wave Power e Inna torna in Ucraina, nel paese dov'è nata, per cercare ingegneri in grado di realizzare la loro idea. Non la spaventa il fatto che né lei né David non posseggano alcuna competenza ingegneristica. «Jack Ma era un insegnante, non certo un esperto di e-commerce. Mark Zuckerberg e Steve Jobs non hanno nemmeno finito il college. Non credo che un'educazione specifica sia necessaria per diventare un imprenditore in quell'ambito. Un imprenditore non dovrebbe perdersi nei dettagli del prodotto, ma avere una visione più ampia. Deve sentirsi a suo agio nel lavorare fuori dagli schemi prefissati, mentre gli ingegneri spesso sono esattamente all'interno degli schemi. La competenza tecnica si può acquisire, per cui mi sento di dire che sono molto più importanti altre qualità, come la passione e la volontà di spendere se stessi fino in fondo per realizzare un'idea».

Negli anni il suo percorso è costellato di riconoscimenti, tra cui il premio delle Nazioni Unite per la lotta al cambiamento climatico. Ospite per tre volte del format TEDx, protagonista di un'edizione della rivista tecnologica WIRED, riceve l'attenzione della CNN e le viene dedicato perfino un film in realtà virtuale di Google, dal titolo *Female Planet*.

Inna è una donna generosa, e dedica una buona parte del suo tempo alle altre imprenditrici. Parla spesso, in pubblico, della sua esperienza come donna in un mondo, quello delle STEM, ancora dominato dagli uomini.
Il suo consiglio a chi voglia seguire la sua strada è semplice: «fallo! Puoi ascoltare i suggerimenti di tutti ma alla fine devi imparare ad ascoltare te stessa, perché tu sola puoi sapere cosa va bene per te. All'inizio hai bisogno di un'unica persona che creda nel tuo progetto e ci sono tantissime persone nel mondo. Vai e trovala!»

VALENTINA ALICE
MENOZZI | MICHELANGELI

PROMETHEUS

VALENTINA – DICE DI SÉ:

«Non finirà mai di affascinarmi l'idea che un ricercatore riesca, con il suo intelletto, a manipolare il materiale biologico modificando la struttura della materia».

ALICE – COSA LA MOTIVA OGNI GIORNO:

«Quando rinuncio a una festa o a un week-end di vacanza lo faccio per questo motivo: perché stiamo facendo qualcosa di più grande, che migliorerà la vita di qualcuno».

DA DOVE NASCE L'IDEA

Fondata nel novembre del 2017 per volontà di Valentina Menozzi, Alice Michelangeli e Riccardo Della Ragione, Prometheus è prima di tutto la storia di un'amicizia intrecciata sui banchi dell'università tra due giovani scienziate, Alice e Valentina, le cui storie corrono parallele. Entrambe marchigiane, si iscrivono alla stessa facoltà e frequentano la triennale ad Urbino, senza però mai conoscersi. Il punto di intersezione è Parma, dove le due ragazze seguono i corsi della magistrale in biotecnologie. Ad accomunarle è il desiderio di creare qualcosa di bello e di utile perché, usando le parole di Verdi, 'copiare il vero può esser buona cosa, ma inventare il vero è meglio, molto meglio'.

Prometheus è anche la storia di convergenza, come la passione, condivisa da Alice e Riccardo, per la stampa 3D. È proprio lui, un ingegnere biotecnologo, a proporre di sfruttare le tecniche di manifattura additiva per realizzare componenti e prodotti finali a base biologica. Le idee nascono dallo studio, fioriscono nell'immaginazione.
Di fronte al problema di curare in modo rapido ed efficace le ferite cutanee di difficile rimarginazione (in particolare piaghe da decubito, ulcere venose o di origine diabetica, ferite importanti che non riescono a guarire in maniera naturale), il team cerca un prodotto piccolo e stampabile, che sfrutti la tecnologia in ambito medico.

La soluzione è uno speciale cerotto con all'interno una componente, prodotta utilizzando la stampa 3D, che combina il sangue del paziente con dei biomateriali.

La soluzione è uno speciale cerotto con all'interno una componente, prodotta utilizzando la stampa 3D, che combina il sangue del paziente con dei biomateriali. Una macchina automatizza l'intero processo di produzione, estrae le molecole attive dal sangue del paziente e le combina con il biomateriale contenuto del kit, generando in meno di un'ora un cerotto pronto per essere applicato. Semplice come inserire una cialda nella macchinetta del caffè.

Prometheus è in realtà la storia di felici intersezioni tra persone e competenze, una storia di legami umani prima ancora che lavorativi e della convergenza tra biologia, tecnologia e manifattura additiva.

L'IMPORTANZA DEL TRASFERIMENTO TECNOLOGICO

L'Italia è il primo Paese nel mondo per numero di citazioni e produttività della ricerca in termini di pubblicazioni per ricercatore e il quarto produttore in Europa in settori ad alta tecnologia. Il trasferimento tecnologico, tuttavia, si scontra ancora con importanti criticità strutturali e organizzative, che solo ora il MISE cerca di superare, creando nuovi fondi e organismi per agevolare il trasferimento dei risultati della ricerca all'industria.

In Italia ci sono brevetti, paper scientifici, ma poi manca sempre qualcuno che realizzi il prodotto vero e proprio e ci chiedevamo dove andassero a finire le scoperte dell'università.

Nelle nostre tesi ce n'erano di bellissime, ma da nessuna è nato un prodotto da banco.

Svolgere una tesi sperimentale in biotecnologie significa trascorrere quasi un anno in laboratorio, sentendosi per un po' già delle ricercatrici. Alice e Valentina vogliono trovare il modo di implementare le loro scoperte, portando una parte delle loro ricerche nella quotidianità delle persone, mentre nell'università non vedono l'applicazione pratica che stanno cercando. Si tratta di realizzare quel trasferimento tecnologico che in Italia sembra così lontano, così difficile. Decidono così di abbandonare la carriera universitaria. «In Italia» racconta Valentina «ci sono brevetti, *paper* scientifici, ma poi manca sempre qualcuno che realizzi il prodotto vero e proprio e ci chiedevamo dove andassero a finire le scoperte dell'università. Nelle nostre tesi ce n'erano di bellissime, ma da nessuna è nato un prodotto da banco».

Secondo Alice «i fondi ci sono, ma non riescono ad attrarre. Il problema è nell'atteggiamento stesso dell'università, che preferisce rimanere dipendente dal finanziamento pubblico, mentre manca l'interesse a innescare un meccanismo virtuoso di autofinanziamento. In alcuni Paesi si riesce a monetizzare il trasferimento tecnologico, lo si incentiva, e si ricerca per arrivare a un prodotto commerciabile. Abbiamo l'esempio del Politecnico di Losanna, in Svizzera, dove c'è spesso una compartecipazione universitaria nello *spin-off*. Da noi mi sembra che la logica sia invece ancora quella di alimentare le ambizioni personali del singolo docente. Se le possibilità di fare carriera dipendono dalle pubblicazioni, è normale che non ci sia interesse al trasferimento tecnologico».

Nonostante l'età, mostrano di avere idee molto chiare sul punto. Valentina sottolinea l'importanza di ricercare la collaborazione con il settore industriale. «Servirebbero incentivi in questo senso, invece di demonizzare il privato come un mondo in cerca solo del profitto facile. Alla fine, i dipartimenti con una vita migliore sono quelli che riescono a interfacciarsi con il privato, ma in pochi sembrano capirlo. Aprirsi al dialogo gioverebbe a tutti».

> *Servirebbero incentivi in questo senso, invece di demonizzare il privato come un mondo in cerca solo del profitto facile. Alla fine, i dipartimenti con una vita migliore sono quelli che riescono a interfacciarsi con il privato, ma in pochi sembrano capirlo.*

PROMETHEUS

Cerotti rigeneranti

Missione:

-
Offrire un trattamento personalizzato e innovativo delle ferite di difficile rimarginazione.

Nel mito di Prometeo si trova il primo riferimento alla rigenerazione del fegato.

L'azienda, che si trova ora all'interno del Tecnopolo di Mirandola, promette al paziente una rapida e ottimale guarigione dei tessuti epiteliali danneggiati. Ciò si ottiene sfruttando la presenza nel sangue di speciali molecole attive, dette 'fattori di crescita', in grado di accelerare e stimolare il processo di rigenerazione. Concentrando i fattori di crescita, aumenta l'efficacia del trattamento terapeutico, le cellule del tessuto lesionato si moltiplicano rapidamente andando a riformarlo e vengono ricostruiti i vasi sanguigni, rivascolarizzando così la parte lesa. Tutto ciò che serve è una quantità sufficiente di sangue, una stampante 3D e la pazienza di attendere i cinquanta minuti necessari per realizzare il cerotto perché questo, una volta applicato, stimola autonomamente i processi di rigenerazione.

La tecnologia di Prometheus permette un'accelerazione dei tempi di guarigione e anche una diversa qualità di rigenerazione. Si parla in questo caso appunto di rigenerazione, e non di riparazione, perché è lo stesso tessuto a formare la materia; non si hanno quindi cicatrici o altri inestetismi.

Inizialmente pensato per l'utilizzo sull'uomo, un suggerimento del prof. Stefano Grolli, del dipartimento di medicina veterinaria dell'Università di Parma, accende l'interesse delle ragazze per l'ambito veterinario. Il prodotto, essendo classificato nel settore con classe di rischio III, richiederebbe infatti studi di laboratorio e *trial* clinici sull'uomo prima di arrivare alla commercializzazione. Questo significa circa tre anni di attesa e qualche milione di euro di investimento. Il settore veterinario, invece, è particolarmente interessante per la maggiore elasticità normativa e, in un certo senso, le 'cavie' diventano esse stesse pazienti, offrendo una *proof of concept* economicamente sostenibile.

Normalmente sugli animali vengono utilizzate soluzioni topiche, come la crema cicatrizzante, che vanno a coprire la ferita ma non hanno proprietà rigeneranti. Esistono anche prodotti più sofisticati che si basano sull'utilizzo del

Alcuni dati

Fondata:

-

2017

Finanziamenti:

-

€600.000

> *Alice era in preda alle coliche per l'ansia, Riccardo si torturava un ciuffo di capelli sulla fronte. Più che un aneddoto, questa è la fotografia dei primi due anni di startup.*

sangue del paziente, la cui resa dipende però dalla capacità di concentrare i fattori di crescita. L'azienda, attraverso una combinazione di biomateriali unica, garantisce un'elevata efficacia e funzionalità del prodotto finale.

Prometheus arriva sul mercato veterinario nel febbraio 2020, dopo due anni e mezzo di sperimentazioni, e si prepara ora a estendere l'utilizzo del prodotto anche in ambito oculistico e osseo-cartilagineo.

Alice ci racconta l'avvio dell'impresa. «All'inizio tutti noi facevamo altri lavori e non avevamo il tempo necessario per sviluppare il progetto. Abbiamo trovato la forza di fondare Prometheus dopo aver vinto la StartCup in Emilia-Romagna. Da allora siamo riusciti a raccogliere circa 600.000 euro, in parte da *business angel*, il resto attraverso premi a livello nazionale ed europeo». Chiedo loro se hanno qualche ricordo da condividere. Valentina comincia a ridere pensando ai primi tempi: «all'inizio, quando non avevamo una sede e vivevamo tutti e tre insieme, si andava avanti a pasta aglio olio e peperoncino per risparmiare. Alice era in preda alle coliche per l'ansia, Riccardo si torturava un ciuffo di capelli sulla fronte. Più che un aneddoto, questa è la fotografia dei primi due anni di startup».

Il prossimo obiettivo è quello di internazionalizzare il prodotto per la veterinaria, portando avanti parallelamente tutta la parte di industrializzazione e certificazione del prodotto per l'utilizzo in ambito umano.

Alice

«Mio papà è stato il mio modello, ma l'ho capito da poco. Aveva un'impresa di pulizie e ora so quanto sforzo abbia fatto per riuscire a bilanciare gli impegni lavorativi con il desiderio di esserci in famiglia. La startup ti assorbe. È stato un uomo coraggioso nel cambiamento. Oggi fa il prestigiatore. Per me la magia è la sua capacità di reinventarsi e sorprendere, eccellendo sempre sia sul lavoro che come padre».

Valentina

«Vorrei ringraziare anch'io i miei genitori, visto che sicuramente ho tratto da loro grande forza e incoraggiamento. I miei punti di riferimento però sono stati anche gli stessi Alice e Riccardo perché, all'inizio, la decisione di lasciare il mondo accademico sembrava un azzardo. Loro però erano così convinti e risoluti che alla fine mi hanno aiutata a trovare il coraggio di intraprendere questa strada. Non so ancora se il loro fosse ottimismo, pragmatismo, o solo incoscienza!»

VALENTINA MENOZZI & ALICE MICHELANGELI

Valentina e Alice, non ancora trentenni, sono due biotecnologhe marchigiane, ex coinquiline, migliori amiche e socie fondatrici di una startup. Sono anche due giovani donne accomunate dalla grande passione per ciò che fanno, dalla modestia e semplicità di chi dà valore al proprio lavoro e a quello degli altri.

Alice non ricorda esattamente a quando risale la decisione di studiare biologia. «L'ho chiesto ai miei genitori. Mi hanno risposto che ogni anno cercavo di farmi regalare 'Il Piccolo Chimico' perché volevo mettere le mani in pasta e creare degli intrugli. Però è stato alle superiori che nella mia testa è scattato qualcosa. Volevo trovare una soluzione che potesse soddisfare un bisogno dell'umanità. Per questo quindi mi sono iscritta all'Università di Biotecnologie mediche, veterinarie e farmaceutiche di Parma. Lì sono poi entrata in contatto con i professori Ruggero Bettini e Lisa Elviri, che si occupavano di sviluppare sistemi tridimensionali per il rilascio controllato di farmaci tramite stampa 3D. Ho così combinato la mia passione per la manifattura additiva avanzata con il mondo della biologia».

Nel caso di Valentina, invece, la scelta dell'ambito scientifico arriva piano piano. Da sempre coltiva molte passioni e il dubbio tra biotecnologie e filosofia permane fino al quinto anno del liceo. «Alla fine» racconta Valentina «ho privilegiato il mio desiderio di confrontarmi con risultati concreti. Il mio amore per la scienza non è tanto nell'oggetto, quanto nella componente umana. Non finirà mai di affascinarmi l'idea che un ricercatore riesca, con il suo intelletto, a ma-

> *Il mio amore per la scienza non è tanto nell'oggetto, quanto nella componente umana. Non finirà mai di affascinarmi l'idea che un ricercatore riesca, con il suo intelletto, a manipolare il materiale biologico modificando la struttura della materia.*

nipolare il materiale biologico modificando la struttura della materia».

A una ragazza iscritta a una facoltà scientifica consigliano: «se pensi di voler trasferire tecnologie nel mondo industriale o medico, allora il primo consiglio è: fai un Erasmus! L'esperienza all'estero, magari anche solo per un tirocinio, apre davvero la mente. Purtroppo in Italia non si viene formati adeguatamente a diventare imprenditori. C'è ancora l'idea che sia un'eccellenza, o un'eccezione, quando all'estero non è così. Per questo è importante vivere anche in altri contesti». Valentina offre un consiglio pragmatico. «Non aspettare che le opportunità ti vengano offerte e che l'accademia, o il tuo professore, facciano qualcosa per te. Non aspettare. Dico questo perché ci si lamenta tanto, in Italia, della mancanza di preparazione quando si entra nel mondo del lavoro, ad esempio perché si è trascorso poco tempo in laboratorio. Prometheus fa parte di un network che promuove lo scambio di apprendistato. All'estero vedo ragazze con alle spalle quasi tanta ricerca quanto me. Hanno dei curriculum impressionanti, perché parallelamente allo studio diventano fondatrici di giornali scientifici o fanno esperienze di tirocinio in azienda. Se da noi

> *All'estero vedo ragazze con alle spalle quasi tanta ricerca quanto me. Hanno dei curriculum impressionanti, perché parallelamente allo studio diventano fondatrici di giornali scientifici o fanno esperienze di tirocinio in azienda. Se da noi il 'sistema' offre meno opportunità, è ancora più importante attivarsi in modo autonomo per cercarle.*

il 'sistema' offre meno opportunità, è ancora più importante attivarsi in modo autonomo per cercarle».

Tra i finalisti del premio europeo per l'innovazione negli ultimi tre anni, solo due sono i nomi di aziende italiane. Valentina dice di

SE UN **VENTURE** CAPITALIST TI CHIEDE IL **60-70%** DELLE QUOTE, NON SEI PIÙ UN IMPRENDITORE MA UN SUO **DIPENDENTE**.

aver incontrato tanti imprenditori italiani che rappresentano Paesi esteri, in primis l'Irlanda e la Spagna. «Credo se ne siano andati perché lì ci sono più incentivi, ma anche per la mentalità. Noi sbattiamo la testa contro i razionali di crescita, scontiamo la presenza di investitori interessati solo a un ritorno sull'investimento rapido e sicuro. Chi fonda un'azienda, però, lo fa prima di tutto per poter prendere decisioni in autonomia. Se un *venture capitalist* ti chiede il 60-70% delle quote, non sei più un imprenditore ma un suo dipendente. Mi sembra che all'estero ci sia un atteggiamento diverso e si cerchi di incentivare la crescita senza privare il fondatore di ogni diritto decisionale». Alice però non è d'accordo. Per lei incide prima di tutto la mancanza di formazione a livello personale. «Si viene cresciuti con la mentalità dell'impiegato, con l'ambizione di far carriera in azienda. Manca la cultura all'imprenditorialità, cioè all'assunzione del rischio. Quando ho detto a casa che avrei voluto percorrere questa strada, quasi tutti mi hanno dato della pazza. Ho creato Prometheus per fare ciò che volevo, anche se adesso devo fare quel che serve. Sono consapevole però del fatto che questa è una necessità naturale, perché si inserisce in un percorso di crescita dell'azienda. È qualcosa di nostro, che curiamo e alimentiamo ogni giorno».

«La mia vera soddisfazione è nel sentirmi responsabile per la soluzione. Questo vale anche per i problemi burocratici: se devo risolvere il processo di certificazione o di regolazione, mi metto a studiare e supero in prima persona l'ostacolo. Ricordo quando un mentor ci ha detto che per sopravvivere in una startup il segreto consiste nel far sì che gli alti non siano mai troppo alti e i bassi non siano mai troppo bassi. Personalmente non sono d'accordo, perché, siccome i bassi non sono controllabili, gli alti diventano importantissimi e bisogna festeggiare ogni piccolo traguardo. Per me oggi la soddisfazione è andare dai veterinari, vedere che stanno utilizzando la nostra tecnologia e che funziona perché ci stiamo lavorando insieme». – Valentina

«Nella vita di una startup hai un giorno di gioia estrema e trecentosessantaquattro di sofferenza, ma quel giorno ripaga pienamente di tutti gli altri. Le giornate sono piene di impegni e responsabilità, anche emotive, perché sai che la fortuna o la sfortuna del progetto dipendono da te. Quando rinuncio a una festa o a un weekend di vacanza lo faccio per questo motivo: perché stiamo facendo qualcosa di più grande, che migliorerà la vita di qualcuno». – Alice

IRIS
BRAUN

SHARE

DICE DI SÉ

«Mi sono affacciata a questo mondo probabilmente in modo molto ingenuo, ma a motivarmi è stato veramente il desiderio di fare qualcosa per risolvere questioni che ritengo pressanti».

COSA LA MOTIVA OGNI GIORNO

«Con il mio co-fondatore, Sebastian Stricker, condivido il senso di equità, e nel tempo ho acquisito una sempre maggiore consapevolezza circa l'iniquità che esiste in molti luoghi del mondo, anche se lontani dai nostri occhi».

DA DOVE NASCE L'IDEA

Iris è da sempre interessata alla filiera agro-alimentare e ai prodotti di consumo. Già durante gli anni del liceo sviluppa un progetto per la consegna a domicilio di cibo, vince la competizione come migliore idea imprenditoriale, ma, su suggerimento del padre, mette da parte il suo *business plan* e si dedica con intensità allo studio.

> Dopo l'università, la partecipazione a progetti di cooperazione internazionale, l'esperienza di lavoro in una grossa società di consulenza e il contatto diretto con le organizzazioni non governative, Iris è pronta ad esprimere la sua voce.

Anche se è in lei una punta di amarezza, la decisione le spiana la strada verso un futuro di scelte più mature e consapevoli. Dopo l'università, la partecipazione a progetti di cooperazione internazionale, l'esperienza di lavoro in una grossa società di consulenza

e il contatto diretto con le organizzazioni non governative, Iris è pronta ad esprimere la sua voce. Il desiderio di contribuire alla riduzione di iniquità tuttora esistenti diventa così un progetto di impresa. Lungo il percorso Iris incontra Sebastian, un imprenditore con più esperienza e all'attivo un'app di beneficienza di grande successo. I due condividono un pensiero, un'ambizione, un sogno. Da qui parte l'avventura di 'share'.

TRA AIUTO E IMPOSIZIONE

Il desiderio di aiutare e il senso di responsabilità che i Paesi più sviluppati nutrono nei confronti di quelli più poveri è, in certo qual modo, la declinazione moderna di un pensiero antico. Quelle che un tempo sono state la conquista e 'civilizzazione' di popolazioni ritenute 'selvagge', hanno generato fenomeni come le crociate, lo sterminio dei nativi americani, lo schiavismo e da ultimo il colonialismo, la cui rilevanza storica e drammaticità sono ben note. Anche se l'assimilazione di fenomeni tra loro diversi sotto un unico titolo sarebbe quantomeno grossolano e ingiusto, è possibile nondimeno definire una nuvola di concezioni, quali la superiorità di una cultura, religione o modo di vivere, che hanno il grande demerito storico di aver causato troppa morte, sofferenza e prevaricazione.

Se guerre e sopraffazioni sono state per lungo tempo le uniche realtà note a tutte le generazioni, è anche vero che la fine della seconda guerra mondiale ha sancito la necessità di lavorare attivamente e congiuntamente per tutelare qualcosa che forse diamo per scontato: la pace. In Europa oggi abbiamo sia la pace che uno stato di diritto effettivo e questo anche grazie alla creazione di grandi organizzazioni sovranazionali. È una condizione che ci dà anche la libertà di poter prestare aiuto agli altri, forse stavolta non più con malcelato spirito di sopraffazione ma con autentico desiderio di servizio.

A partire dagli anni Sessanta si sono moltiplicate le iniziative benefiche verso gli Stati più poveri, in particolare del continente africano. Tuttavia, ancor oggi, quasi 1 miliardo di persone nel mondo versa in uno stato di povertà (1,90-2 dollari al giorno sono la soglia di povertà individuata dalla Banca Mondiale). Ci sono governi corrotti, manca la tutela dei diritti umani fondamentali, continuano le guerre, anche quelle civili, e anche i Paesi con economie più solide affrontano spesso il problema della forte sperequazione economica. Gli economisti si dividono tra chi, come Jeffrey Sachs, sostiene la necessità di maggiori aiuti di Stato per permettere alla popolazione più povera di uscire dalla cosiddetta 'trappola della povertà' e chi, come Dambisa Moyo e William Easterly afferma l'esatto contrario, e cioè la dannosità degli aiuti (siano essi di stato oppure da parte delle ONG) per chi li riceve. Viene mossa la critica nei confronti di un atteggiamen-

LA FINE DELLA SECONDA **GUERRA MONDIALE** HA SANCITO LA NECESSITÀ DI LAVORARE ATTIVAMENTE E **CONGIUNTAMENTE** PER TUTELARE QUALCOSA CHE FORSE DIAMO PER SCONTATO: LA **PACE**.

to spesso interpretato quale frutto di una perdurante convinzione: che solo i Paesi ricchi – gli eredi di quelli 'civilizzati' – sappiano cos'è meglio per i Paesi poveri e, quindi, per le persone povere. Volendo lasciare la questione dei motivi, personali e collettivi, sullo sfondo, è doveroso riconoscere che molto fanno da sempre gli istituti caritatevoli, le missioni religiose, e recentemente molto

> Interesse pubblico e privato sono da sempre connaturati all'impresa stessa, la definizione del loro bilanciamento essendo contenuta nel patto sociale.

stanno facendo le imprese sociali con progetti specifici di sviluppo.

Quasi sempre, nell'economia reale, scopo sociale e profitto economico vengono interpretati come concetti separati e anzi spesso concorrenti, nel senso di considerare l'uno d'ostacolo all'altro. Si dimentica così però la storia. Interesse pubblico e privato sono da sempre connaturati all'impresa stessa, la definizione del loro bilanciamento essendo

contenuta nel patto sociale. Il patto prevede che la comunità agevoli le imprese, ne incoraggi la crescita e supporti il rischio del loro fallimento e le esternalità negative. In cambio, all'impresa è richiesta l'assunzione di una responsabilità nei confronti della società che, nel suo contenuto minimo, consiste nella generazione di profitto. L'impresa è un istituto sociale. Così era al tempo delle origini, nel Medioevo, e così sembra stia tornando ad essere, dopo una lunga parabola che è passata attraverso grande ricchezza, ma anche grande alienazione.

SHARE

Innovare il modo in cui si innova

Missione:

-
Avere un impatto su milioni di persone in uno stato di bisogno e servire da esempio per altre imprese sociali.

L'azienda, fondata nel 2018 da Sebastian Stricker, Iris Braun, Tobias Reiner e Ben Unterkofler, si basa sul principio del '1+1' per cui, comprando un prodotto di consumo, un prodotto equivalente viene donato a una persona che ne ha bisogno. «La bellezza dell'idea è nella semplicità» racconta Iris. «Avendo maturato esperienza in progetti di sviluppo sostenibile, sapevamo che la donazione equivalente è così economica da poter essere facilmente integrata nel prezzo del prodotto».

Dal punto di vista del marketing è qualcosa che rimane, perché alle persone piace sapere cosa c'è dietro al prodotto. Anche in una prospettiva B2B, il rivenditore dà più valore al prodotto che mette nello scaffale.

Il meccanismo non è di nuova invenzione. Il capostipite, o quantomeno l'azienda più citata come *business case* dell'approccio 1+1, è l'americana TOMS, il produttore di scarpe che per ogni paio acquistato ne regala uno a un bambino in un Paese in via di sviluppo. Il limite di quell'approccio è che forse le scarpe non vengono considerate un bene sufficientemente essenziale, non avendo un impatto rilevante (come due studi scientifici prodotti da TOMS

Alcuni dati

Fondata:
-
2017

Dimensioni:
-
50 dipendenti

Finanziamenti:
-
€5,5Mln

sembrano suggerire). Per questo motivo TOMS decide di rivedere la sua strategia. «Nonostante ciò, TOMS ha veicolato l'idea che si può essere un'azienda *for business* e avere una componente sociale forte. È un brand che ha mostrato l'efficacia di un messaggio del genere. Dal punto di vista del marketing è qualcosa che rimane, perché alle persone piace sapere cosa c'è dietro al prodotto. Anche in una prospettiva B2B, il rivenditore dà più valore al prodotto che mette nello scaffale». Per l'azienda produttrice, aderire alla filosofia di share è un modo per farsi della buona pubblicità dimostrando la propria volontà di finanziare progetti umanitari. Dal punto di vista economico, si tratta di investi-

Ricordiamo che i problemi nei Paesi poveri riguardano ancora aspetti semplici ed essenziali e che la mancanza di cibo e igiene, secondo le stime dell'Organizzazione Mondiale per la Sanità, causa nel mondo la morte di circa il 70% dei bambini al di sotto dei 5 anni.

re parte del budget normalmente destinato al marketing co-finanziando, assieme al consumatore finale, i progetti di share.

«Credo fermamente che le donazioni monetarie siano importanti. Sono state per lungo tempo una tradizione in molte culture e possono aiutare moltissimo quando soddisfano bisogni essenziali e vengono utilizzate bene. Ricordiamo che i problemi nei Paesi poveri riguardano ancora aspetti semplici ed essenziali e che la mancanza di cibo e igiene, secondo le stime dell'Organizzazione Mondiale per la Sanità, causa nel mondo la morte di circa il 70% dei bambini al di sotto dei 5 anni».

Per contribuire al miglioramento di questa situazione, share lavora fianco a fianco con organizzazioni fidate che operano in una determinata area, cercando di sviluppare l'economia locale. Tuttavia alcuni progetti emergenziali, come quello avviato in seguito allo tsunami Khabi o il campo profughi di Kutupalong in Myanmar, si basano sull'importazione di cibo da altre aree o Paesi, in assenza di sufficienti risorse locali. «Per la maggior parte le risorse vengono sviluppate localmente, ma l'obiettivo primario del gruppo è quello di venire incontro alle fette di popolazione più vulnerabili. Un esempio del modo in cui operiamo è il caso del Senegal. Action Contre la Faim ha sviluppato un sistema abbastanza sofisticato per il monitoraggio delle precipitazioni. Il cambiamento climatico ha trasformato la regione a nord del Senegal rendendola incapace di supportare la popolazione locale. Così, quando sono emersi chiari segni di un imminente periodo di forte siccità, Action Contre la Faim ha avviato la produzione di un alimento nutriente simile al porridge utilizzando ingredienti, stabilimento e dipendenti locali, per nutrire le donne incinte e i bambini malnutriti. L'azienda ha finanziato i pasti per queste persone, che vengono a costare tra i 10 e i 20 centesimi».

Share è finanziata privatamente da rami di investimento di business familiari attivi nel mercato dei beni di consumo. «In questo senso siamo molto fortunati perché gli investitori familiari di solito hanno una prospettiva temporale più lunga, si aspettano un ritorno sull'investimento ma capiscono che lo stanno facendo anche per l'orgoglio della famiglia, perché supportano un obiettivo più alto, cioè l'importanza di creare e far crescere imprese sostenibili. La sostenibilità ormai non è più la priorità di una nicchia e anche i fondi di investimento cominciano a valutare in modo differente società come la nostra».

Oggi l'azienda, con sede a Berlino, impiega 55 persone e guarda allo sviluppo internazionale. «Il potere dell'idea di condividere è abbastanza universale, ma i mercati del consumo sono molto locali per cui, specialmente per il cibo, solo pochi marchi sono riusciti a internazionalizzare con successo. Gestire delle merci comporta poi molte complicazioni che il prodotto digitale non ha. Dopo due anni e mezzo sul mercato stiamo però per fare *break-even*. Per noi è un grandissimo risultato, che mostra le possibilità di questo modello di business. Pur essendo meno profittevoli di altre aziende, abbiamo il vantaggio di creare accesso alla ricchezza nei Paesi in via di sviluppo».

IRIS BRAUN

Iris studia filosofia, politica ed economia a Oxford e in seguito economia dello sviluppo ad Harvard.

Cresce in un piccolo villaggio nel nord della Baviera. I suoi nonni hanno una fattoria con pochi animali e un po' di terra. Iris è una ragazza curiosa, sempre in cerca di nuovi stimoli e possibilità e nel tempo i suoi orizzonti cominciano progressivamente ad aprirsi su nuovi mondi e altre realtà. Al liceo frequenta un ragazzo che fa l'assistente sociale e Iris si rende così conto che la sua normalità, quella di un ceto medio protetto e ovattato, non è la normalità di tante altre persone. Da questa presa di consapevolezza, si rafforza in lei l'interesse per la tematica della sperequazione sociale. È un argomento che approfondisce durante il master ad Harvard e progressivamente il suo obiettivo diventa quello di aiutare le persone che, non avendo accesso nemmeno alle cose essenziali, vengono marginalizzate dall'innovazione tecnologica. «Mi sono affacciata a questo mondo probabilmente in modo molto ingenuo, ma a motivarmi è stato veramente il desiderio di fare qualcosa per risolvere questioni che ritengo pressanti. Con il mio co-fondatore, Sebastian Stricker, condivido il senso di equità e nel tempo ho acquisito una sempre maggiore consapevolezza circa l'iniquità che esiste in molti luoghi del mondo, anche se lontani dai nostri occhi».

Iris, dopo la trasferta negli Stati Uniti, non

smette di viaggiare, partecipando a progetti umanitari in Asia e cercando sempre di capire come affrontare i problemi, tra loro eterogenei eppure comuni a tutti i Paesi più poveri. Giunta al termine del percorso di studi, trascorre qualche anno lavorando per il Boston Consulting Group. Lì contribuisce a definire una strategia per aziende nell'ambito dei beni di consumo e per il World Food Programme delle Nazioni Unite. In quel periodo incontra anche Sebastian Stricker. In comune i due hanno l'ambizione di creare un'azienda sociale, che abbia al centro l'obiettivo di supportare la popolazione mondiale più svantaggiata. Iris ritorna negli Stati Uniti per seguire un master in economia dello sviluppo ad Harvard con un focus sui Paesi meno sviluppati e sull'*impact evaluation* e successivamente partecipa a un grosso progetto di ricerca sullo sviluppo finanziario nell'India meridionale. A quel punto ritorna in contatto con Sebastian, in quel periodo fondatore dell'app 'ShareThe-Meal' che, con 3 milioni di utenti e 60.000 pasti al giorno, si posiziona per diffusione e utilizzo in vetta alla classifica delle app di beneficienza.

Il segreto del suo successo è nella precisione chirurgica con cui l'azione di beneficienza viene associata a un nome, un volto, una storia. «Se a una persona dici: 'comperando questa cioccolata verrà rafforzato il sistema politico di un Paese del terzo mondo', si ottiene un messaggio confuso. Chi sta per comprare quella cioccolata sente di non poter poi fare molto per il rafforzamento del sistema politico. L'azione deve essere specifica e concreta, come ad esempio dicendo 'questa cioccolata corrisponde a una donazione di un pasto e appare così. Guarda come verrà distribuito!' Questo è un messaggio semplice e concreto, che le persone capiscono e rispetto al quale empatizzano».

LE RELAZIONI CONTANO ANCORA

«Per prima cosa segui i tuoi interessi, perché lì generalmente sarai più brava e hai bisogno di quell'energia. Seconda cosa: le competenze e le credenziali contano ancora. È facile fondare un'azienda appena usciti dall'università, perché si ha bisogno di veramente pochi soldi, ma la volontà di non farsi pagare non è l'unica cosa di cui si ha bisogno per fondare una startup di successo. Incoraggio le persone a seguire i propri interessi, acquisire delle competenze specifiche che aiutano anche a sviluppare una visione migliore di cosa si vuole fare, e solo allora cominciare qualcosa per conto proprio, circondati dal giusto gruppo di persone».

CODICI QR

Nonostante il fatto che su ogni confezione di prodotto share sia riportato un codice QR che rimanda allo specifico progetto finanziato, una percentuale molto bassa, tra chi acquista il prodotto, lo scansiona accedendo al contenuto. Per Iris, si tratta comunque di un numero molto più alto di quanto non si aspettasse: «i nostri sondaggi mostrano che circa una persona su tre compra il prodotto senza capire che esiste un'azione positiva correlata. Una su tre invece lo intuisce in termini vaghi, mentre la terza persona sa invece molto bene cosa facciamo. Avendo poco budget per diffondere il nostro messaggio, per ora siamo felici che il prodotto esista e sia reperibile. La crescita avviene in modo del tutto organico, attraverso tutte le persone che capiscono e abbracciano la nostra idea; sono loro i portavoce del messaggio».

«Oggi ci sono molte opportunità per le donne, la parte difficile arriva quando si comincia ad avere interessi in gioco. Come donna in una situazione non competitiva, ad esempio all'inizio della carriera, verrai sempre incoraggiata e spronata ma, quando inizi a competere con gli uomini, cominciano anche le vere difficoltà. È stato provato attraverso diversi studi che le donne ottengono meno soldi nei round di finanziamenti anche in conseguenza delle strategie di comunicazione. Ci sono dei codici non detti per cui gli investitori sono abituati ad un certo modo di parlare legato all'esagerazione e all'ostentazione di sicurezza, per cui mentre un uomo direbbe serenamente che la sua è 'la più grande innovazione di tutti i tempi', una donna si esprimerà più facilmente dicendo che la sua 'ha senso, ed è una buona idea per diversi motivi che vado ad illustrare'. In questo periodo sto seguendo da vicino il 'movimento zebra', che consiglio a tutti di approfondire. Critica proprio l'enfasi rispetto al desiderio di essere dirompenti e avere idee radicali, quando il finanziamento rimane poi fortemente tradizionale. È un peccato. Se costruisci qualcosa dal nulla, perché avere tutto lo stress di crescere, esplodere ed esagerare? Non si deve innovare solo sulle idee di business ma anche sul modo in cui si fa business, e questa, secondo me, è una sfida che le donne sono pronte a raccogliere».

NURIA
ESPALLARGAS

SERAM COATINGS

DICE DI SÉ

«Amo la definitezza di un'equazione».

COSA LA MOTIVA OGNI GIORNO

«Avere di fronte una sfida irrisolta. L'argomento che merita il mio interesse è quello non ancora esplorato».

DA DOVE NASCE L'IDEA

Il mercato dei rivestimenti spray a barriera termica esiste da più di cent'anni, con il primo brevetto rilasciato nel 1909 all'inventore svizzero Max Ulrich Schoop, che viene considerato il padre della tecnologia. I rivestimenti spray a barriera termica sono composizioni di materiali avanzati solitamente applicati a superfici metalliche che operano in ambienti diversi, come a temperature elevate (nelle turbine a gas e nei motori aeronautici), in ambienti stressanti (ad esempio le turbine) o soggetti ad alta tribocorrosione (le valvole nell'industria chimica o in quella petrolifera).

La 'tribocorrosione' è il termine tecnico, che incontreremo spesso in seguito, con cui si indica il concorso simultaneo di deperimento elettrochimico e da utilizzo. Molte componenti dei macchinari sono soggette a questo fenomeno, mentre nell'ambito naturale un esempio sono le rocce, che vengono abrase ed erose dal vento e dall'acqua.

I rivestimenti permettono di proteggere il materiale limitando l'esposizione delle componenti strutturali.

Il boom del settore si verifica negli anni Sessanta, come conseguenza dell'imponente crescita del mercato aeronautico. Tuttavia i rivestimenti spray termici vengono utilizzati anche in altre industrie, come quella automobilistica, e anche oggi la crescente domanda di efficienza, durata e leggerezza delle componenti sottoposte a temperature elevate, motiva la continua ricerca e lo sviluppo di spray termici nuovi e sempre più avanzati.

Tra i materiali di rivestimento all'avanguardia esistono in particolare quelli in ceramica (come il carburo di silicio), la cui applicazione è resa possibile solo dall'invenzione di nuove tecnologie.
Nuria Espallargas, chimica con un dottorato in scienze dei materiali, è specializzata nello studio dei rivestimenti. Durante i suoi studi legge molti paper scientifici che affermano l'impossibilità di utilizzare il carburo di silicio come materiale per gli spray termici. L'impossibilità deriva dal fatto che questo materiale sublima direttamente senza passare attraverso lo stato liquido. Per lei è una sfida. Nuria dimostra, con le ceramiche in carburo di silicio (nel seguito abbreviate in SiC), che si può creare un punto di fusione.

Da questa innovazione prende le mosse Seram Coatings.

EDUCARE ALLA PARITÀ

Sebbene viva da ormai molti anni in Norvegia, Nuria è originaria della Spagna. «Forse adesso succede meno», racconta «però ricordo i tempi in cui ero all'università. Alcune colleghe di corso studiavano contro la volontà dei loro genitori. Spero che il mio sia solo un ricordo, anche perché mi sembra che avvenga soprattutto nei confronti delle donne. Parlo ovviamente della mia esperienza personale, perché lo vedo ora con i miei figli, ma intendo dire che noto la tendenza, già dall'infanzia, a lasciar giocare i maschi liberamente, facendoli sentire legittimati ad esplorare il mondo, mentre verso le bambine si assume un atteggiamento diverso. Un ruolo importante è anche quello degli educatori. Ho due maschi e quando il più grande ha cominciato l'asilo è tornato a casa e mi ha detto: 'tieni mamma, questo è rosa, è per te'. A me il rosa non è mai piaciuto!» Mi sorprende molto il suo racconto, che attribuirei più facilmente ad altri contesti e Paesi. Nuria nota la mia sorpresa e precisa le sue affermazioni. «Non sto parlando della politica a livello di Paese. Con riferimento alle leggi e regolamentazioni, anzi, i Paesi scandinavi stanno facendo molto. Anche perché qui ci sono dei problemi, come ad esempio gli alti tassi di violenza domestica, di cui penso si parli molto meno che non in Spagna. Io però mi riferivo alle persone, non

> *Noto la tendenza, già dall'infanzia, a lasciar giocare i maschi liberamente, facendoli sentire legittimati ad esplorare il mondo, mentre verso le bambine si assume un atteggiamento diverso. Un ruolo importante è anche quello degli educatori.*

alla politica. Esistono, anche in Norvegia preconcetti stereotipici, come l'idea che le donne si debbano truccare, essere 'in ordine', o debbano apparire e comportarsi in un certo modo. È un retaggio culturale ancora forte».

Parliamo dei programmi rivolti alle donne, rispetto ai quali Nuria è abbastanza critica ritenendoli, seppur necessari, anche tardivi e nella sostanza inadeguati a risolvere il problema. «Penso che il messaggio debba essere dato all'asilo e soprattutto ai genitori prima ancora che ai bambini. Quando i ragazzi sono all'università è tardi, perché hanno già preso la loro strada. Se devi incoraggiare qualcuno a compiere delle scelte, lo devi fare molto prima e lo devi fare soprattutto a casa, perché se per tutta l'infanzia le bambine vengono cresciute con l'idea di non essere abbastanza brave, o di dover guardare il fratello, o di non potere alcune cose, o di doverne altre, all'università avranno già un *imprinting* preciso dal quale è difficile svincolarsi. Io e mio marito cerchiamo di essere abbastanza neutrali nel messaggio, tuttavia a volte ci andiamo a scontrare con il sistema scolastico. Bisogna cambiare il paradigma culturale e il modo in cui bambine e ragazze vengono cresciute».

> *Penso che il messaggio debba essere dato all'asilo e soprattutto ai genitori prima ancora che ai bambini. Quando i ragazzi sono all'università è tardi, perché hanno già preso la loro strada.*

DURANTE LA FASE DI **GESTAZIONE**, MENTRE STAI INVESTENDO IL TUO TEMPO, LA TUA **CARRIERA** E SENZA GIUNGERE A NULLA, NON HAI **NESSUNA IDEA** DI COME ANDRÀ A **FINIRE**.

SERAM COATINGS

Educare alla parità

Spin-off della NTNU

Missione:
-
Creare un materiale SiC per il mercato degli spray termici.

Nel mercato dei rivestimenti, Seram Coatings innova il settore abilitando l'utilizzo di SiC all'interno degli spray termici. In natura, il carburo di silicio non ha punto di fusione, cioè sublima passando direttamente dallo stato solido a quello gassoso. Gli spray termici utilizzano invece un materiale liquido.

Il progetto per la creazione di SiC viene avviato nel 2010, quando il gruppo di lavoro, formato da Nuria e il co-inventore Fahmi Mubarok, ottiene il primo finanziamento dall'università norvegese, la NTNU. I primi risultati arrivano due anni dopo, il gruppo fa domanda per il brevetto e Seram Coatings viene quindi fondata nel dicembre del 2014 per commercializzare il materiale SiC come 'ThermaSiC'.

Il processo brevettato crea un punto di fusione attraverso una delicata procedura chimica, che consiste nel ricoprire le particelle di polvere di carburo di silicio con un particolare ossido che viene depositato attorno al silicio. Le singole particelle vengono poi agglomerate in particelle grandi abbastanza da risultare utilizzabili con la tecnologia dello spray termico. Il processo inventato dalla NTNU, e poi commercializzato da Seram Coatings, permette una maggiore flessibilità ed economicità, perché il materiale può essere applicato senza la necessità di operare nel vuoto – contrariamente a quanto avviene con altri materiali.

Il momento più emozionante, quello della rivelazione, è quando Nuria e Fahmi riescono a ricoprire le prime parti-

Alcuni dati

Inizio del progetto:
-
2010

Finanziamenti:
-
€8Mln

celle di carburo di silicio. Da lì, c'è un punto di partenza. Da lì, tuttavia, devono passare altri sei anni prima di ottenere il brevetto. «Solo quando hai successo sai che ne è valsa la pena; peccato si tratti sempre di una valutazione postuma. È la storia che a tutti piace ascoltare. La verità, invece, è che durante la fase di gestazione, mentre stai investendo il tuo tempo, la tua carriera e senza giungere a nulla, non hai nessuna idea di come andrà a finire». Nel 2016 Seram Coatings avvia il primo round di investimenti da due milioni di euro, mentre successivamente ne vengono raccolti altri sei. Messa di fronte alla scelta tra accademia e impresa, nel 2018 Nuria decide di uscire dall'azienda, dove rimane però come membro del *board*, finanziatrice e consulente tecnico.

Il prodotto trova naturale applicazione in ambito industriale. Le industrie di riferimento non sono tanto quella dell'aeronautica, che ha un *time to market* molto lungo, quanto l'industria metallurgica, la produzione del vetro e semiconduttori e la petrolchimica.

L'azienda ha diversi progetti in corso, tra i quali un paio riguardano anche l'Agenzia Spaziale Europea.

Sono passati dieci anni dalla nascita del progetto all'interno dell'università e Seram Coatings sta pian piano costruendo il suo mercato.

TRA NORVEGIA E SPAGNA

Poiché la sua storia si svolge per metà in Spagna e per l'altra metà in Norvegia, le chiedo un confronto tra i due mondi. «La mia esperienza accademica in Spagna è stata molto breve, solo nella prospettiva del dottorato, tuttavia credo ci sia parecchia differenza tra i due Paesi. Un fattore che apprezzo moltissimo in Norvegia è che ci sono meno pressione e competitività. Le società scandinave inoltre rispettano molto la vita privata delle persone, quindi se te ne vai dall'ufficio alle tre di pomeriggio nessuno ti guarda con disapprovazione perché è ritenuto giusto e viene incoraggiato il fatto di andare a prendere i bambini all'asilo. In Spagna il clima sarebbe sicuramente diverso».

LA GENITORIALITÀ NON HA SESSO

«Quando studiavo chimica ricordo che nella mia classe eravamo più femmine che maschi. Se non raggiungiamo certi livelli, non è perché poche donne scelgono una carriera scientifica. Io continuo invece ad avvertire la convinzione che il ruolo delle donne sia quello di avere figli, e che poi dovrebbero scomparire. Essere genitore riguarda entrambi, con uguali responsabilità, mentre se i governi non offrono gli strumenti per contemperare il desiderio di avere figli con le ambizioni lavorative, è normale che i tassi di natalità decrescano, come stanno facendo. È responsabilità dei governi fare in modo che entrambi i sessi abbiano le stesse possibilità lavorative. Faccio un esempio qui in Norvegia: l'anno scorso sono diventata capo di uno dei gruppi di ricerca. Quante donne ci sono a capo di gruppi di ricerca nel mio dipartimento? Solo io. E questo non per la mancanza di donne nel dipartimento, ma perché non vengono invitate a sedersi in certe posizioni».

NURIA ESPALLARGAS

Cresciuta in una piccola cittadina spagnola nella provincia di Teruel, Nuria si descrive come un bambina attiva, curiosa e vivace, pericolosa e spesso rimproverata perché «tutto quello che trovavo in giro mi piaceva prenderlo in mano e toccarlo. Smontavo, guardavo, capivo e poi mettevo da parte. Mi sentivo a mio agio con tutte le materie, ma crescendo ho realizzato in modo molto progressivo che mi piacevano in particolare la matematica e le discipline scientifiche, perché ruotano attorno alla comprensione dei meccanismi responsabili del funzionamento delle cose. Le materie umanistiche non mi davano la stessa soddisfazione. L'interpretazione è molto soggettiva, indefinita e questo per me implicava la sensazione di aver ricevuto una spiegazione non soddisfacente. Amo la definitezza di un'equazione».

Quando Nuria ha dodici anni, la famiglia si trasferisce a Barcellona. In quella città prosegue gli studi, prima nella facoltà di chimica, poi presso quella di ingegneria, dove completa un dottorato sui rivestimenti spray termici all'interno del dipartimento di scienze dei materiali e ingegneria chimica.

> *Non c'è stato un momento in cui scelsi veramente di restare, però non scelsi mai nemmeno di andarmene.*

Dopo il master, Nuria ha l'opportunità di cominciare il dottorato in Inghilterra, ma sceglie lo stesso di rimanere in Spagna. La decisione di trasferirsi all'estero arriva dopo. «Pensavo di trascorrere un paio di anni in Norvegia, ma sono diventati tredici. I primi quattro, cinque anni, furono difficili e faticosi. Mi chiedevo spesso se avessi fatto la scelta giusta. Poi posso dire che, in un certo senso, attraversai quella barriera energetica oltre la quale si creano delle connessioni personali, e per quanto riguarda la carriera e il lavoro ti senti di essere su un binario produttivo. Non c'è stato un momento in cui scelsi veramente di restare, però non scelsi mai nemmeno di andarmene».

Una scelta chiara, precisa, è quella di intra-prendere la carriera accademica e nasce per contrapposizione, come alternativa possibi-le ad un lavoro in azienda. Nuria racconta così la sua decisione: «trascorsi l'estate dopo il master nel reparto del controllo di qualità in un'azienda che produce ossidi per la pit-tura e ho capito che il lavoro del *controller*, per sua natura piuttosto ripetitivo, non fa-ceva per me. Vedevo il mio manager e pen-savo che fosse molto triste aver faticato per una laurea specialistica e trascorrere ogni giornata facendo la stessa cosa. Ho sentito che a me quella realtà stava troppo stretta. In università invece posso spaziare da un ambito all'altro, seguendo i miei interessi. È una libertà che mi è diventata necessaria».

Per Nuria, tutti i punti si collegano in agglo-merati maggiori, così il carattere diventa destino. «Riguardando il mio percorso cre-do che la mia motivazione, nella scelta degli ambiti di ricerca, sia stata quella di confron-tarmi con delle sfide irrisolte. Ho deciso di lavorare con i carburi di silicio perché duran-te il dottorato avevo letto molti paper in cui si affermava che sarebbe stato impossibile

> *Ho deciso di lavorare con*
> *i carburi di silicio perché*
> *durante il dottorato avevo letto*
> *molti paper in cui si affermava*
> *che sarebbe stato impossibile*
> *utilizzare quel materiale per gli*
> *spray termici.*
>
> *Mi sono subito messa in allerta.*
> *Ecco che era stata catturata la*
> *mia attenzione: se mi dici che*
> *è impossibile, allora io voglio*
> *sapere il perché.*

utilizzare quel materiale per gli spray termi-ci. Mi sono subito messa in allerta. Ecco che era stata catturata la mia attenzione: se mi dici che è impossibile, allora io voglio sape-re il perché. Devo avere di fronte una sfida irrisolta. L'argomento che merita il mio inte-resse è quello non ancora esplorato».
Lei non molla e trascorre anni cercando

di smentire quella parola: 'impossibile'. La parte più difficile è nel riempire il gap tra una volontà e la sua realizzazione. Nuria sa esattamente cosa sta cercando: «volevo che il carburo di silicio diventasse un materiale adatto ad essere utilizzato per lo spray termico, ma come?» A quel punto, partendo da un nucleo solido e preciso, Nuria e Fahmi cominciano a vagliare le diverse possibilità di sviluppo e investono il loro tempo alla ricerca di finanziamenti. «Si possono avere molte idee, ma senza il denaro necessario e le giuste risorse umane non c'è neanche la speranza di iniziare a svilupparle. Per questo non ho cominciato nemmeno a lavorare all'idea finché non ho ottenuto il primo finanziamento, riuscendo così a coinvolgere Fahmi Mubarok, che all'epoca era un mio dottorando».

In Norvegia la ricerca scientifica si affida quasi esclusivamente ai finanziamenti pubblici. Il denaro privato, proveniente da grandi aziende che portano avanti progetti di ricerca specifici e spesso legati alle scienze della vita o alla medicina, è infatti l'eccezione piuttosto che la regola.

Se la presenza di denaro pubblico svincola i ricercatori dagli angusti limiti dell'applicazione industriale, Nuria sottolinea però una tendenza pericolosa: quella ad accorciare la durata dei finanziamenti. «Prima di arrivare a un progetto adatto al mercato ci vogliono molti anni, specialmente se cerchi di fare qualcosa che nessuno prima di te ha mai fatto. In fondo, percorrere una strada nuova è proprio il significato di essere un innovatore. L'orizzonte temporale tende invece ad essere sempre più compresso; magari qualcuno è disposto a finanziarti e vorrebbe un prodotto in quattro anni. Si sente parlare ultimamente di 'radical research', ma come si può avere una ricerca radicale in quattro anni? È impossibile, e questo inevitabilmente influenza la qualità del risultato. In questo modo si vanno perdendo grandi idee a causa di un meccanismo impostato su obiettivi di breve periodo».

ANITA
SCHJØLL BREDE

IRIS.AI

DICE DI SÉ

«Credo che sia importante mantenersi ferme e convinte di ciò che si fa, puntare i piedi se necessario e disinteressarsi di ciò che pensano gli altri. Come faceva mia nonna».

COSA LA MOTIVA OGNI GIORNO

«Amo il processo creativo, per cui da un'idea vaga si arriva lentamente al prodotto finale».

DA DOVE NASCE L'IDEA

Nel 2015 Anita sta frequentando la Singularity University, la comunità globale per imprenditori e innovatori dove i partecipanti vengono sfidati a trovare soluzioni che, in un orizzonte temporale di dieci anni, possano migliorare la vita di un miliardo di persone. È appena uscita dalla sua seconda startup e, ripensando agli esordi di quell'avventura, si ricorda di aver trascorso quasi tutto il primo anno ricercando chi fosse l'inventore della tecnologia utilizzata dalla sua azienda. Si tratta di una persona che vive poco distante dall'ufficio di Anita. Un giro infinito per spostarsi di qualche isolato.

Basandosi sulla sua esperienza personale, Anita capisce che nella ricerca c'è una sfida aperta sul terreno dell'accessibilità: poter navigare i *paper* scientifici senza essere degli esperti del settore. Si tratta di rendere reperibile, e quindi disponibile, più ricerca per più persone. «Prima di poter pensare di risolvere un problema si deve innanzitutto studiarlo e per farlo occorre avere accesso alla ricerca scientifica necessaria. Volevamo capire il mondo della scienza e abbiamo cominciato a vedere quali fossero le problematiche e i processi di ricerca».

Questo è il momento in cui Anita capisce di poter utilizzare l'intelligenza artificiale come navigatore per esplorare, comprendere e risolvere i problemi scientifici.

Prima di poter pensare di risolvere un problema si deve innanzitutto studiarlo e per farlo occorre avere accesso alla ricerca scientifica necessaria.

Volevamo capire il mondo della scienza e abbiamo cominciato a vedere quali fossero le problematiche e i processi di ricerca.

L'INTELLIGENZA ARTIFICIALE AL SERVIZIO DELLA RICERCA

L'AI (acronimo inglese di intelligenza artificiale, anche detta *machine learning*), altro non è che un programma, dove la principale differenza rispetto a un programma tradizionale è che l'AI, con l'aumentare dei dati a disposizione, aumenta le sue capacità diventando 'più intelligente'.

Un normale programma lavora per parole chiave. Al contrario Iris.ai, il prodotto sviluppato dall'azienda per analizzare testi scientifici, a partire dalla descrizione del problema identifica le ricerche che si occupano di argomenti simili, anche se le parole chiave sono molto diverse.

A mano a mano che l'intelligenza si allena, analizzando grandi collezioni di documenti e svolgendo diverse attività come raggruppare, etichettare, trasformare le parole in vettori, 'matura' perfezionando il modo in cui opera. Iris.ai può scomporre un testo nelle sue componenti e analizzare come questo assomiglia o si differenzia da altri testi, quali sono i punti di contatto e le correlazioni. Il sistema sviluppa una comprensione autonoma del

contenuto su cui sta lavorando, fino alla creazione di prodotti finali che non derivano da regole precostituite ma sfruttano le compe-

Poiché i finanziamenti si basano sulle citazioni e sulla rivista in cui si viene pubblicati, la ricerca genera un'economia finanziaria che interferisce diminuendone la qualità complessiva.

tenze acquisite dal programma.

Mentre Iris.ai analizza i testi scientifici, Anita sta cercando finanziamenti per un progetto collaterale dell'azienda, che si occupa più globalmente del modo in cui si fa, si valuta e si qualifica la ricerca. «Negli ultimi anni c'è stata una crescita significativa nel numero di pubblicazioni, ma anche una difficoltà esponenziale nel riuscire a strutturarle e utilizzarle dando loro significato. Il sistema di incentivi per la ricerca scientifica è fondamentalmente disfunzionale e i contribuenti stanno pagando il quadruplo per lo stesso contenuto. Il processo di revisione paritaria è gratuito, rendendolo un pessimo sistema di valutazione. Poiché i finanziamenti si basano sulle citazioni e sulla rivista in cui si viene pubblicati, la ricerca genera un'economia finanziaria che interferisce diminuendone la qualità complessiva». È innegabile come ormai la necessità di ottenere più citazioni stia trasformando anche il mondo della ricerca scientifica in una gara di popolarità, sollevando così altre problematiche. Anita ha una proposta a tal riguardo. «Possiamo modificare i criteri di incentivazione e creare un sistema in cui ogni contributo alla scienza venga retribuito. Si tratta di mettere in piedi un motore di validazione della conoscenza che sia in grado di valutare in percentuale la probabilità che una ricerca sia solida e accurata analizzando le argomentazioni, il loro collegamento e confrontandola con il resto della ricerca disponibile. Non vogliamo sostituire la revisione paritaria, rendendola al contrario un'attività retribuita, visto che si tratta di un lavoro molto importante».

Anita sta cercando di creare un'azienda

no-profit partecipata dall'intera comunità scientifica. La sua iniziativa richiede un cambiamento radicale del modello di business che è reso possibile da una tecnologia avanzata come quella dell'intelligenza artificiale. Lei d'altro canto non ha dubbi. «Anche se oggi forse manca ancora la volontà di mettersi in gioco, verrà il giorno in cui lo faremo. Ne sono certa».

Possiamo modificare i criteri di incentivazione e creare un sistema in cui ogni contributo alla scienza venga retribuito.

Si tratta di mettere in piedi un motore di validazione della conoscenza che sia in grado di valutare in percentuale la probabilità che una ricerca sia solida e accurata.

POSSIAMO MODIFICARE I CRITERI DI **INCENTIVAZIONE** E CREARE UN SISTEMA IN CUI OGNI **CONTRIBUTO** ALLA SCIENZA VENGA **RETRIBUITO**.

IRIS. AI

Ricercare con intelligenza

Missione:

-

Sviluppare il primo ricercatore scientifico utilizzando l'intelligenza artificiale.

Iris.ai diventerà in meno di dieci anni il primo assistente scientifico basato sull'uso dell'intelligenza artificiale. Fondata nel 2015, oggi l'azienda impiega 21 persone e offre sul mercato un set di strumenti per aiutare gli accademici a creare ricerca utile. Una volta inserita la descrizione del problema (modalità premium) o un *paper* di riferimento (modalità free), Iris.ai identifica testi simili e, attraverso un processo di semplificazione, è in grado di ridurli a una lista di letture consigliate. Questa tecnologia torna utile soprattutto quando si scandagliano ambiti vasti, complessi, interconnessi o poco noti a chi sta compiendo la ricerca. Anita spiega che «c'è una componente interdisciplinare molto forte, perché viene utilizzata principalmente la comprensione 'contestuale'. Iris.ai infatti non si basa sulle parole chiave. Il nostro strumento è fatto per esplorare in modo ampio cos'è stato finora prodotto dalla ricerca scientifica relativamente a un dato problema, a prescindere dalle parole con cui viene formalizzato. Cerchiamo di andare oltre l'orizzonte normalmente esplorato».

Il nostro strumento è fatto per esplorare in modo ampio cos'è stato finora prodotto dalla ricerca scientifica relativamente a un dato problema, a prescindere dalle parole con cui viene formalizzato.

Per cominciare, l'azienda si focalizza sullo sviluppo di strumenti interdisciplinari per la revisione della letteratura accademica. La stessa tecnologia può però essere utilizzata anche da startup e dipartimenti di R&D in ambito industriale.

Per cominciare, il team ha scelto di concentrarsi su di un ambito molto specifico, quello della chimica e della scienza dei materiali. L'obiettivo, partendo da una nicchia di mercato, è quello di espandersi nuovamente per arrivare in 5-7 anni a un 'ricercatore AI' in grado di leggere e connettere la conoscenza scientifica. «Possiamo svolgere quest'operazione risparmiando al ricercatore l'80% del tempo. L'idea di applicarlo così com'è al mondo dell'industria ha però incontrato resistenze perché le aziende vogliono una risposta diretta e semplice. Abbiamo quindi dovuto modificare il nostro prodotto per semplificare e condensare l'*output*. Ora stiamo costruendo uno strumento per identificare

Alcuni dati

Fondata:
-
2015

Dimensioni:
-
21 dipendenti

Un giorno la nostra tecnologia sarà in grado di sviluppare inferenze, ossia trarre le conclusioni una volta svolta la ricerca, fornendo delle ipotesi finali e possibilmente collegandole con un ambiente di simulazione, per vedere quali possono essere praticabili.

ed estrarre esattamente i dati necessari in modo più specifico e lo stiamo testando con i primi clienti aziendali».

«Un giorno la nostra tecnologia sarà in grado di sviluppare inferenze, ossia trarre le conclusioni una volta svolta la ricerca, fornendo delle ipotesi finali e possibilmente collegandole con un ambiente di simulazione, per vedere quali possono essere praticabili. Iris. ai sarà parte dei team di R&D, permettendo agli umani di possedere tutta la conoscenza di cui hanno bisogno sulla punta delle dita in ogni momento».

Con l'arrivo del COVID-19, rende disponibile il suo programma per fare ricerca gratuitamente su tutto ciò che riguarda la pandemia. Le persone esplorano tematiche molto differenti, che spaziano dalle conseguenze per il mercato azionario, agli effetti della pandemia sui bambini, fino agli aspetti psicologici di un lockdown. Racconta Anita che «negli anni, vedere tutte le mappe di ricerca degli utenti è stato estremamente interessante. Le persone si chiedono come utilizzare la realtà aumentata all'interno di una sala operatoria, come costruire un razzo riciclabile con materiale di scarto, come portare metodi per il controllo sulle nascite in Paesi nei quali non

è attualmente disponibile o come applicare il *machine learning* agli studi atmosferici per impedire il cambiamento climatico. Ci sono così tante sfide aperte in un perimetro così ampio, che il nostro motore di ricerca può servire da pivot per avvicinarsi alla soluzione. La parte più emozionante per me è sempre vedere quanta creatività traspare dal motore di ricerca. È affascinante l'idea che la nostra tecnologia possa permettere alle persone di creare progetti radicalmente diversi!»

Le persone si chiedono come utilizzare la realtà aumentata all'interno di una sala operatoria, come costruire un razzo riciclabile con materiale di scarto, come portare metodi per il controllo sulle nascite in Paesi nei quali non è attualmente disponibile o come applicare il machine learning *agli studi atmosferici per impedire il cambiamento climatico.*

CERCARE I PROPRI MODELLI

«Quando sono cresciuta, ho dovuto allontanarmi dall'esempio di Musk, Gates, Wozniak e Jobs. Essendo tutti uomini non mi rappresentano, per cui posso ispirarmi a loro solo in parte. Così mi sono messa alla ricerca di modelli nuovi e ho trovato tre donne che in diversi periodi sono state importanti per me. Si tratta di Amanda Palmer, musicista e relatrice al TEDx, che ha scritto un libro intitolato *L'arte di chiedere*. Cindy Gallop, un'agguerrita femminista prima ancora di essere una donna di straordinario talento, è una consulente di pubbliche relazioni, innovatrice, coach e speaker. Per un periodo ho seguito anche Sheryl Sandberg, COO di Facebook, la prima donna mai entrata in quel *board*. Dopo tutto quello che ha fatto Facebook però mi sono disamorata, quantomeno dell'azienda se non proprio di lei come persona. Questi sono gli esempi a cui mi ispiro e che sono andata a cercare».

OLTRE IL GENERE

«Sono fermamente convinta che oggi ci sia bisogno di un'azione positiva, perché le persone non cambiano se non hanno chiari incentivi a farlo. Tuttavia, preferisco vedermi semplicemente un'innovatrice e un'imprenditrice. Guardo avanti, verso il giorno in cui non ci sarà più bisogno di sottolineare il maschile o il femminile».

ANITA SCHJØLL BREDE

Anita cresce in Norvegia e da sempre è appassionata alla chimica, matematica e fisica, ma allo stesso tempo le piace il mondo delle arti, soprattutto quelle sceniche. È una studentessa brillante e racconta che «nell'area in cui sono cresciuta questo significa diventare un medico o un avvocato. Ma io non volevo fare legge, perché mio padre è un avvocato, e quindi ho pensato di diventare un medico. Sono sempre stata una persona molto ambiziosa, ma dentro di me non mi sentivo ancora pronta per scegliere. Ho preso un anno sabbatico, il che è una cosa abbastanza comune in Norvegia, e ho viaggiato per il mondo». Anita si mantiene lavorando come babysitter e quando ritorna, non sentendosi ancora pronta per medicina, si iscrive a teatro. Trascorre così tre anni studiando drammaturgia e comunicazione teatrale e, in un settore caratterizzato da precarietà e disoccupazione, sceglie di fondare la sua prima azienda con un amico. È una società di consulenza basata sul 'teatro d'azienda'. Si tratta di piccole messe in scena, attività di team building che, pur nella loro semplicità, diventano per Anita la prima fonte di reddito.

Quando è andata in pensione si è dedicata al volontariato, entrando a far parte della Croce Rossa, di cui poco dopo dirigeva una sezione. A 79 anni si è iscritta all'università per la prima volta e ha studiato teoria musicale.

Non le interessava quello che pensavano le altre persone e non c'era nulla che la potesse fermare.

Il carattere eclettico e l'amore per le continue sfide è forse un tratto ereditato dalla nonna. «Per me è stato un punto di riferimento importantissimo. Mia nonna era straordinaria e prima di tutto era la mia amica del cuore. Mio nonno aveva avviato un'azienda ma è morto presto, a 62 anni. In quel periodo lei era devastata e si vedeva già morta. Soffriva la mancanza del nonno e non immaginava di poter andare avanti senza di lui. Ha preso in mano l'attività con l'idea di prendersi del tempo prima di chiudere tutto e invece ha proseguito altri 15 anni. Quando è andata in pensione si è dedicata al volontariato, entrando a far parte della Croce Rossa, di cui poco dopo dirigeva una sezione. A 79 anni si è iscritta all'università per la prima volta e ha studiato teoria musicale. Non le interessava quello che pensavano le altre persone e non c'era nulla che la potesse fermare».

Anita sa che il suo modello di business non è molto stabile, così trova un corso nella Silicon Valley, in California, e frequenta un corso estivo che include un tirocinio all'interno di una startup tech. In quel momento non possiede nessuna competenza tecnologica specifica e così, tra le 30 aziende tech disponibili, sceglie l'unica di cui riuscisse a capire qualcosa perché si occupa di comunicazione. Nonostante ciò si tratta comunque di un ambiente molto specialistico. «Ricordo che quando sono arrivata lì non sapevo assolutamente nulla di programmazione. Però tre o quattro mesi dopo ero totalmente immersa in quel mondo e volevo capire di cosa si trattasse. Per me lavorare con i programmi è stato molto intuitivo e il fatto di avere un ruolo intermedio tra l'utente e il team di pro-

Ricordo che quando sono arrivata lì non sapevo assolutamente nulla di programmazione.
Però tre o quattro mesi dopo ero totalmente immersa in quel mondo e volevo capire di cosa si trattasse.

grammatori mi ha permesso di approcciarmi ai lati più tecnici secondo la prospettiva che mi era congeniale».

Anita prosegue gli studi e durante il master fonda un'altra azienda, seguita da un'altra subito dopo la laurea. Oggi Anita Schjøll Brede è la CEO e co-fondatrice di Iris.ai. Nominata da Forbes tra le 50 donne al vertice del settore tech nel mondo, Anita ama ritornare sul palcoscenico, dove condivide la sua esperienza di imprenditrice e riesuma la passione per il teatro. «Non ho mai pensato di poter essere un'imprenditrice, né che questo mi potesse interessare. Il giorno in cui ho cominciato, però, ho capito che amavo tutto di quel lavoro, dal tenere i libri contabili al costruire il mio sito, dallo strutturare un messaggio al generare nuove idee per i prodotti. Così mi sono disamorata del teatro e innamorata del business. Amo il processo creativo, per cui da un'idea vaga si arriva al prodotto finale. È analogo a quanto avviene nella scienza, perché dalle conoscenze possedute nasce una piccola idea e da lì, sviluppandola, si generano nuove scoperte e conoscenze. La migliore sensazione al mondo è quando qualcuno viene da me e mi dice 'hai salvato la mia tesi, grazie!' Allora so che il prodotto è utile per le persone e che cambia in meglio il loro modo di lavorare».

Non ho mai pensato di poter essere un'imprenditrice, né che questo mi potesse interessare.
Il giorno in cui ho cominciato, però, ho capito che amavo tutto di quel lavoro, dal tenere i libri contabili al costruire il mio sito, dallo strutturare un messaggio al generare nuove idee per i prodotti.

«Come donna nel tech sarai rifiutata, è un dato di fatto. Usa le opportunità che ti vengono fornite e accetta il fatto che il 97% del denaro dei *venture capitalist* andrà a uomini, perché preferiscono investire in ciò che conoscono e non conoscono le donne. Oltre a questo, che è più che altro un avvertimento, o una doccia fredda forse, non ci sono consigli buoni per tutti. Dipende dal background, dalla cultura, dalla famiglia. Una volta ho insegnato imprenditoria alle donne in Arabia Saudita. I suggerimenti che ho dato a loro sono molto diversi da quelli che darei a mia sorella minore. In ogni caso credo che sia importante mantenersi ferme e convinte di ciò che si fa, puntare i piedi se necessario e disinteressarsi di ciò che pensano gli altri. Come faceva mia nonna».

EVELINA
VÅGESJÖ

ILYA PHARMA

DICE DI SÉ

«Cerco di lavorare con persone che siano più intelligenti di me e creare gruppi diversi e significativi. Se ci vogliono diecimila ore per diventare un esperto in una cosa, cerco chi ci ha dedicato le diecimila ore necessarie».

COSA LA MOTIVA OGNI GIORNO

«Io amo lavorare per obiettivi, per traguardi, e sono motivata dall'idea che la scienza debba essere utile per le persone».

DA DOVE NASCE L'IDEA

Ilya Pharma, azienda farmaceutica svedese che si occupa di rigenerazione delle ferite e cura dell'intestino irritabile, deve il suo successo a tre donne accomunate da grande professionalità, solidità e passione per la ricerca.

Tutto inizia mentre Evelina Vågesjö sta completando il dottorato presso l'Università di Uppsala. Evelina deve studiare i comportamenti delle cellule immunitarie nel corpo. La Professoressa Mia Phillipson, sua *supervisor*, conduce la ricerca finché, in un giorno apparentemente come gli altri, Evelina e Mia, di fronte a un tessuto 'ischemico' (ossia che non riceve sufficiente irrorazione sanguigna), scoprono l'esistenza di una proteina in grado di amplificare il comportamento di una cellula immunitaria nella regolazione del flusso sanguigno. Il cuore del progetto di Ilya Pharma è proprio nell'interazione tra questa proteina, la 'CXCL12' e la cellula immunitaria, il 'leucocita'.

Le due donne cominciano a pensare alle possibili applicazioni in ambito medico e individuano subito una lista di disturbi curabili attraverso questa scoperta. Si va dalle malattie delle arterie periferiche, all'infarto miocardico fino alla *claudicatio intermittens*, in Svezia nota come la malattia di chi, a causa del dolore, deve fermarsi a guardare fuori dalla finestra. Si tratta di un disturbo che colpisce prevalentemente gli anziani, ostacolando fortemente la deambulazione a causa di una scorretta circolazione sanguigna. Mia ed Evelina incontrano molti chirurghi e scoprono che primo problema di queste persone sono le ferite alla pelle, che si procurano facilmente a causa di scarpe troppo strette o anche stando seduti sulla sedia a rotelle. I medici propongono di applicare direttamente la CXCL12 alle ferite, ma insorge un problema. La proteina infatti, oltre ad avere un alto costo per la fabbricazione, si degrada in nemmeno un minuto. Mia ed Evelina hanno la risposta a questo problema: applicare il batterio di un acido lattico (simile ai probiotici dello yoghurt) alla ferita per produrre la CXCL12.

Lo sviluppo di nuovi farmaci dura normalmente dodici anni e passa attraverso numerose fasi di sperimentazione, partendo dai test sugli animali più piccoli, poi su quelli più grandi, quindi sulle persone sane, e solo alla fine sui veri pazienti, destinati un giorno a ricevere il trattamento. Ilya Pharma ha concluso la prima fase di test sulle persone, quella che, racconta Evelina sorridendo, di solito viene fatta su volontari raccolti tra gli

studenti universitari. A breve sperimente-
ranno l'efficacia del prodotto su venti pazienti affetti da ferite difficili e, se questo
avrà successo, procederanno con campioni
più ampi in attesa dell'autorizzazione alla
commercializzazione.

IL TEMPO GIUSTO:
VELOCE MA NON TROPPO

Se è vero che nel farmaceutico bisogna correre per vincere, è meglio stare attenti però
a non inciampare lungo la strada. «Per i
nuovi medicinali», racconta Evelina, «quando si entra nella fase clinica ci sono così tante regole e regolamentazioni da seguire,
che le possibilità di modificare i tuoi piani
sono molto limitate, e a mano a mano che
si avanza nello sviluppo clinico, tutto diventa sempre più controllato. All'inizio potevo
sedermi con gli investitori davanti a un caffè
e pensare a possibili azioni da intraprendere, mentre nel tempo ogni cambio di rotta
diventa più complesso e costoso. I piani di
sviluppo possono ovviamente cambiare,
ma ogni decisione deve essere informata;
non possiamo affidarci al fatto che un'idea
sembri buona sul momento».

*Per i nuovi medicinali quando
si entra nella fase clinica
ci sono così tante regole e
regolamentazioni da seguire,
che le possibilità di modificare i
tuoi piani sono molto limitate, e
a mano a mano che si avanza
nello sviluppo clinico, tutto
diventa sempre più controllato.*

Evelina dimostra, già nell'eloquio lento e misurato, l'ammirazione per le persone capaci
di gestire il delicato equilibrio tra pazienza
e persistenza, mantenendo viva la curiosità.
Non ha paura di pensare in grande, anche
se questo significa impegnare se stessa e
l'azienda a lungo termine. Attorno a sé rac-
coglie un team eterogeneo, composto da
scienziati e persone provenienti dal mondo
dell'industria, molti dei quali di diversi Paesi, e di diverse età. A tal proposito spiega:

«non c'è una formula buona per tutti. Il tipo di collaborazione possibile dipende dall'ambito e dall'obiettivo da raggiungere, nonché dalla propensione del singolo ente a fidarsi, permettendo di costruire queste relazioni».

La centralità e complessità dei rapporti con gli organismi di regolazione nell'ambito della terapia cellulare e genica sono testimoniate dalla presenza in azienda di un team eccellente, capitanato da Margareta Jorvid, che si occupa di regolamentazione e dei contatti con le autorità di regolazione.

Ilya Pharma infatti sviluppa un farmaco talmente innovativo da rendere necessaria la creazione di una regolamentazione specifica. «Questo è il momento in cui si ritorna alla scienza, perché nel predisporre la documentazione necessaria bisogna spiegare più e più volte la ricerca scientifica che sta dietro al prodotto. Più progetti ci saranno, più si svilupperà una conoscenza all'interno delle amministrazioni e tra gli operatori del settore. Anche questo contribuirà a una migliore regolamentazione».

ILYA PHARMA

CLCX12

Ilya Metchnikov ha vinto il premio Nobel nel 1908 per aver descritto come le cellule immunitarie abbiano un ruolo nel rimodellamento del tessuto. È stato anche il primo a ipotizzare che l'acido lattico potesse avere dei benefici per la salute.

L'azienda, fondata nel 2016 da Evelina Vågesjö, Mia Phillipson, Goran Beijer e Stefan Roos, ha due sedi e dà lavoro a circa quaranta persone, a cui vanno aggiunti altri trenta fornitori. «È difficile capire dove finisce esattamente l'organizzazione, per cui sarebbe meglio guardare l'azienda più come un *cluster* che si forma attorno ad un progetto», spiega Evelina. La sua rapida crescita è dovuta anche ai 17 milioni di euro ottenuti tra premi, finanziamenti e investimenti. Dei 300 round di investimento finora aperti nel settore della terapia cellulare e genica, quattro di questi sono andati ad Ilya Pharma, che a breve si prepara ad aprirne un altro round di investimenti da 25 milioni di euro. A proposito di questi numeri Evelina commenta «nessuno vuole mai parlare di progetti non finanziati anche se succede spesso. La verità è che bisogna sempre avere un paio di domande pendenti e continuare a cercare capitale privato in parallelo. I premi incoraggiano l'investimento privato, per cui si

È difficile capire dove finisce esattamente l'organizzazione, per cui sarebbe meglio guardare l'azienda più come un cluster *che si forma attorno ad un progetto.*

Alcuni dati

Fondata:
-
2016

Dimensioni:
-
circa 100 persone tra dipendenti e *contractor*

Finanziamenti:
-
€17Mln

tratta di dare slancio».

L'idea alla base della tecnologia di Ilya Pharma è quella di curare le ferite portando proteine a uso terapeutico, come la CXCL12, attraverso i batteri contenuti nell'acido lattico. Ilya Pharma adopera a questo scopo le 'chemochine', delle proteine leggere responsabili dell'attivazione e direzione dei leucociti.

La produzione industriale di proteine è molto complessa e costosa, e le chemochine sono proteine instabili, con un tempo di dimezzamento di solo un minuto. Questi problemi possono essere superati quando le chemochine vengono prodotte dal batterio dell'acido lattico (ad esempio i probiotici), che è molto più semplice ed economico da produrre. L'acido lattico viene poi posto sulla ferita, dove produce la proteina CXCL12, così attivando la risposta dei leucociti e avviando una reazione a catena che accelera il processo di guarigione e rigenerazione delle cellule nel letto della ferita.

Attualmente solo quattro aziende nel mondo lavorano su batteri geneticamente modificati per sintetizzare proteine ad uso terapeutico, e ognuna di queste si focalizza su diversi batteri e proteine. In un futuro prossimo Evelina si aspetta di veder nascere più startup nel settore.

L'attività di Ilya Pharma ha ormai un tale livello di complessità da rendere necessario l'avvio di un programma di *public- and investor relations* con l'obiettivo di spiegare gli aspetti più tecnici in termini semplici. Nell'esigenza di comunicare con un'audience più estesa, Evelina vede la conferma circa il fatto che l'azienda sta facendo qualcosa di importante per le persone. «Un investitore è qualcuno che crede in quello che stai facendo, nelle tue idee e nei progetti per l'impresa, ma non sempre è in grado di fare una valutazione completa da un punto di vista scientifico. Quindi è tua responsabilità spiegare i dati, i brevetti e tutta l'informazione che abbiamo in azienda. Si tratta di un impegno a lungo termine che prevede la costruzione di un rapporto di fiducia e il raggiungimento dei risultati concordati».

Per avere successo in questo settore, anticipare la concorrenza è un fattore determinante ed Evelina si rasserena sapendo che gran parte dei progetti in questo settore sono nati dopo il suo. Evelina è sicuramente una donna responsabile, ma anche molto competitiva. «La mia soddisfazione» racconta «è quando riesco a essere più veloce degli altri, o quando utilizzo meno denaro per raggiungere lo stesso obiettivo».

UNA MOTIVAZIONE

Quando le chiedo quale sia la sua motivazione, Evelina cerca una risposta che trascenda l'esperienza personale. «Le persone sono motivate da cose differenti ed è importante capire presto cosa ci spinge veramente a fare quello che stiamo facendo. C'è chi ama occuparsi di cose molto complesse, utilizzando tecnologie molto sofisticate. Un bravissimo scienziato è una persona che vuole sapere qualcosa che nessun altro al mondo sa. Non puoi seguire il percorso di qualcun altro se vuoi fare una nuova scoperta. Io amo lavorare per obiettivi, per traguardi, e sono motivata dall'idea che la scienza debba essere utile per le persone. Il punto di partenza non è necessariamente l'accademia, può essere un'azienda, o la famiglia. Ci sono delle imprese familiari molto innovative specialmente nelle tecnologie rinnovabili. Quando hai chiara la tua motivazione, si tratta solo di trovare l'ambiente giusto dove crescere».

UNA QUESTIONE DI LINGUAGGIO

«L'educazione economica passa prima di tutto attraverso l'acquisizione di un linguaggio specifico. Se lo conosci, hai già eliminato una barriera facilmente superabile. Bisogna tener conto poi del fatto che molti investitori sono bravi nel fare i conti, per cui il mio consiglio è quello di prepararsi bene prima di doverli affrontare. Gli ostacoli dati dal linguaggio possono essere superati facilmente, imparando il gergo specifico. Quello che deve davvero preoccupare sono gli *structural bias*, le barriere invisibili così difficili da identificare. Io amo la diversità, perché mi permette di risolvere un problema in modo più efficace. Auguro a tutti gli innovatori che possano riconoscere la loro diversità e utilizzarla per accelerare lo sviluppo creando buoni prodotti e raggiungendo i pazienti più rapidamente».

EVELINA VÅGESJÖ

Evelina nasce in un piccolo paese della Svezia meridionale, nello stesso paese dell'autore svedese Astrid Lindgren, il creatore di Pippi Calzelunghe. È una bambina sempre impegnata, trascorrendo il tempo tra il calcio, l'equitazione e tutte le lezioni extra-curriculari a cui riesce a partecipare. Da sempre ha in mente una carriera scientifica e frequenta i corsi avanzati di matematica, fisica, chimica e biologia. Al liceo entra in un club scientifico, poi nella squadra dei giovani ricercatori, con l'obiettivo dichiarato di competere e viaggiare il più possibile.

Solo ora, in retrospettiva, capisce perché esistano tutte queste attività extra-curriculari e perché siano così importanti, come esperienze formative e come occasioni di incontro. In particolare Evelina è affascinata dal funzionamento del corpo e si iscrive dunque alla facoltà di biologia a Uppsala.

La passione per i viaggi la porta a Sydney dove, esauriti i corsi di biologia, sceglie quelli di management perché si combinano bene con gli orari delle altre lezioni. Saranno solo i primi di molti corsi in economia che porteranno a una laurea in gestione d'impresa e contabilità e successivamente a un MBA in Finanza e M&A. Evelina, parallelamente, consegue il dottorato in fisiologia e scienze mediche. Durante il dottorato Evelina partecipa anche a un programma estivo per ricercatori, la 'Summer research school'. Sta studiando le cellule immunitarie nei vasi sanguigni e come queste interagiscono con il corpo, quando viene introdotta alle tecniche di *imaging in vivo*, registrando video in 2D e 3D. Evelina rimane profondamente affascinata. Riuscire a registrare come le cellule immunitarie si comportano nel corpo rende la scienza visuale e comprensibile e ancora oggi, quando parla a un investitore o a un rappresentante di qualche colosso farmaceutico, quelle immagini sono i pilastri su cui costruisce la sua visione. Visualizzare è importante perché rende tangibile l'idea scientifica e spiega lo sviluppo del prodotto.

Sempre lì conosce Mia, ora co-fondatrice, all'epoca una giovane docente con la quale si crea da subito un bel rapporto. «Per lei non c'è mai nulla di difficile quando c'è un'ipotesi interessante. Il suo atteggiamento è sempre 'quindi, facciamolo!' Ci vuole così tanto coraggio, quando si tratta di progetti

NELL'INDUSTRIA **FARMACEUTICA** E NEL BUSINESS SI USA UN TIPO **DIVERSO** DI INTELLIGENZA RISPETTO AL MONDO **ACCADEMICO**, MA PER I PROGETTI MOLTO **INNOVATIVI** E DIROMPENTI SERVONO **ENTRAMBE**.

interdisciplinari che ti spingono fuori dalla tua zona di comfort». Le due scienziate lavorano assieme, con ruoli diversi, da ormai circa dodici anni.

Evelina mantiene i legami con l'università. La scelta di rimanere anche in accademia è dettata dal suo desiderio di interfacciarsi con entrambi gli ambiti. «Nell'industria farmaceutica e nel business si usa un tipo diverso di intelligenza rispetto al mondo accademico, ma per i progetti molto innovativi e dirompenti servono entrambe», commenta Evelina. «Per me è importante trovare degli esperti nel settore. Cerco di lavorare con persone che siano più intelligenti di me e creare gruppi diversi e significativi. Se ci vogliono diecimila ore per diventare un esperto in una cosa, cerco chi ci ha dedicato le diecimila ore necessarie».

Tra essere un ottimo ricercatore e un ottimo imprenditore il cambio di passo non è immediato. Chi non riesce a condensare le due competenze, cerca una figura d'appoggio che lo completi. Per Evelina, la cosa più importante è fare le cose in modo che funzionino, perché «non si può mettere a capo di una squadra qualcuno che non ha nessun interesse a esserlo. C'è un dibattito abbastanza sterile su quale sia il ruolo più prestigioso, ma la verità è che l'azienda ottiene i migliori risultati quando ognuno ha modo di dedicarsi a ciò in cui è bravo».

«Ora il mio ruolo è quello della *leader* innovativa, o meglio della *believer*, perché altrimenti né il team né gli investitori si lancerebbero per primi in un nuovo ambito. Sono la persona che ha la responsabilità per i rischi assunti, e mi sta bene. C'è un momento però in cui le aziende crescono e hanno bisogno di un altro tipo di management. Non so se a quel punto sarò la persona adatta a guidare l'azienda, forse no. Lo sviluppo naturale di un'azienda è verso una maggiore strutturazione dei processi. Quando ci penso e devo prendere delle decisioni per il futuro dell'azienda, mi ispiro a Ingemar Kihlström, il presidente della società. È sempre così solido nel vedere cos'è meglio per l'azienda. Mantenere questa linea di pensiero in tutte le decisioni richiede grande integrità e poche persone riescono a separare se stesse dalla decisione. Questa però è l'unica strada possibile per raggiungere gli obiettivi aziendali e portare un prodotto ai pazienti. Per me si tratta di una forma di etica economica».

RIMA
BALANAŠKIENĖ

ACONITUM

DICE DI SÉ

«L'impresa non è solo una fonte di reddito. È una missione di vita».

COSA LA MOTIVA OGNI GIORNO

«Ho sempre sentito il bisogno di condividere la mia esperienza e conoscenza con la società. Credo dipenda da quello che è il cuore della natura femminile: curare, aiutare, migliorare».

DA DOVE NASCE L'IDEA

Rima cresce nella Lituania rurale, circondata dai boschi. Cammina tra le piante respirandone l'odore, toccando le foglie e ascoltando i rumori della natura. In quel mondo abitato da volpi, conigli e leggende, si sente protetta. Quando, ormai giovane donna, si trasferisce nella grande città per proseguire gli studi, quell'armonia è ancora dentro di lei e scorre in profondità in attesa di manifestarsi.

> Secondo alcune fonti, i farmaci, anche se nessuno ne parla, rappresentano direttamente o indirettamente la terza causa di morte a livello globale.

Qualche anno più tardi, mentre Rima lavora nella distribuzione di prodotti farmaceutici capisce che, tra gli oltre 300.000 farmaci presenti sul mercato lituano, quasi nessuno è di origine vegetale. Nel 1990 la Lituania è un Paese molto giovane, che ha appena riconquistato la sua indipendenza, e in quel periodo soffre la scarsità di medicinali – forse anche a causa del fatto che i costi dei farmaci sono più alti che in altri Paesi europei. Con il passare degli anni il consumo di farmaci sintetici in Lituania cresce fortemente, nonostante questi causino importanti effetti collaterali. Secondo alcune fonti, i farmaci, anche se nessuno ne parla, rappresentano direttamente o indirettamente la terza causa di morte a livello globale.

Con il desiderio di promuovere la medicina naturale, nel 1999 Rima fonda Aconitum: un'azienda verde a trecentosessanta gradi.

LA FARMACIA DALLA NATURA

Le piante sono utilizzate a fini medicinali fin dai tempi antichi, con le prime testimonianze scritte risalenti ai sumeri e agli egizi. Anche la medicina ayurvedica e quella tradizionale cinese si basano su terapie erboristiche e, forse non molto sorprendentemente, è stato osservato che piante simili vengono usate per gli stessi scopi in parti diverse del mondo. Queste pratiche terapeutiche agiscono per riportare il corpo nello stato naturale di equilibrio e sono il punto di partenza importante per una riflessione sul significato della salute e della malattia.

La tradizione medica occidentale si sviluppa a partire dal lavoro di Ippocrate, Aristotele, Plinio il Vecchio e successivamente Galeno. Nella concezione antica, è centrale la correlazione tra paziente e malattia. Ippocrate, con sorprendente modernità affermava a tal proposito che 'se qualcuno desidera recuperare la salute, bisogna innanzitutto chiedergli se è pronto a eliminare le cause della sua malattia. Solo allora è possibile aiutarlo'. Questa visione olistica della persona, tuttavia, si perde progressivamente con l'evoluzione scientifica.

All'inizio del diciottesimo secolo, con il diffondersi della sintesi chimica di molecole, gli scienziati iniziano ad estrarre e modificare i principi attivi dalle piante e, con il tempo, l'uso dei rimedi naturali diminuisce a favore dei farmaci sintetici. Esistono correnti di pensiero alternative, come l'omeopatia di Samuel Hahnemann, che stabilisce un parallelismo di azione tra il potere tossicologico e il potere terapeutico di una sostanza, riportando il legame tra malattia e guarigione sul piano del riequilibrio naturale.

Fino al secondo dopoguerra, tuttavia, la medicina prevalente opera una scissione tra persona e malattia, ponendo in una posizione di inconciliabile contrapposizione malattia e salute. I farmaci sono sempre più sintetici e anche la riflessione medica sembra allontanarsi dalla visione degli antichi. Solamente negli anni Ottanta si apre la strada al recupero di una prospettiva umanista della salute non più come assenza di malattia ma piuttosto come condizione che rende possibili le relazioni e il compimento del potenziale individuale. Forse non a caso, proprio in quegli anni, viene approvato il primo farmaco biologico.

I principi attivi dei medicinali biologici differiscono da quelli dei prodotti di sintesi chimica per molti aspetti: le molecole sono più grandi, complesse, ci sono più impurità e instabilità; tuttavia questi permettono cure innovative e il trattamento di malattie gravi rispetto alle quali i farmaci convenzionali si dimostrano inadeguati. Trattandosi di terapie mirate, comportano inoltre meno effetti collaterali.

L'Organizzazione Mondiale della Sanità stima che oggi l'80% della popolazione mondiale si affidi, almeno parzialmente, a farmaci vegetali. Anche in Paesi avanzati come gli Stati Uniti, l'insoddisfazione per il costo dei farmaci sintetici, combinato con l'interesse per il ritorno a rimedi naturali e organici, porta a una crescita del settore erboristico. I rimedi fitoterapici resistono così al trascorrere del tempo. La tecnologia permette maggiore affidabilità nell'estrazione e produzione di principi attivi combinando così, infine, la sapienza di madre natura con il progresso scientifico.

I 'farmaci biologici' sono medicinali che contengono uno o più principi attivi prodotti o estratti da un sistema biologico, come nel caso di ormoni, enzimi, emoderivati, sieri e vaccini.

LA **SCIENZA** E IL POTERE DELLA **NATURA** POSSONO **COOPERARE** NELLE FASI INIZIALI DELLA **MALATTIA**.

ACONITUM

La farmacia dalla natura

Secondo il racconto di Ovidio, l'aconito spunta dalla bava di Cerbero, infuriato perché incatenato e trascinato fuori dall'Ade.

L'azienda trae ispirazione dal nome latino dell'aconito, una pianta selvatica velenosa, diffusa specialmente nei prati montani e nelle regioni fredde. Dalla pianta intera raccolta nel periodo di fioritura si ottiene però una tintura madre che, grazie alla presenza dell'aconitina, si rivela essere un potente rimedio omeopatico soprattutto in caso di infiammazioni.

Non lontano dal fiume Neris, al confine con i boschi fuori da Kaunas, si erige un edificio verde perfino nell'arredamento, energeticamente sostenibile grazie all'uso di impianti di riscaldamento e raffreddamento geotermico e pannelli fotovoltaici sul tetto. L'importanza dall'armonia emerge con evidenza nell'estetica del sito internet, mentre l'amore di Rima per la natura abbraccia anche gli animali e Keira, il grande cane che sorveglia l'impianto produttivo durante la notte, è fedele compagna dei guardiani notturni.

Con all'attivo oltre 500 differenti prodotti medici che vengono esportati in 65 Paesi nel mondo, Aconitum offre soluzioni per problemi ampiamente diffusi come la cirrosi al fegato, l'epatite cronica, la demenza, l'insufficienza venosa, l'osteoartrite, la depressione e la menopausa.
Rima, nel corso di vent'anni, diventa unica proprietaria dell'azienda e oggi, con oltre cento dipendenti, Aconitum è una delle realtà più importanti in ambito farmaceutico in Lituania.

Partendo dal settore omeopatico e fabbricando i prodotti manualmente, nel tempo l'azienda allarga la sua offerta agli integratori alimentari, quindi ai prodotti erboristici e, più di recente, si espande all'ambito della biomedicina, dove l'azienda opera in stretta collaborazione con i laboratori dell'università. Per Rima «la scienza e il potere della natura possono cooperare nelle fasi iniziali della malattia. Sono convinta per questo che la medicina del futuro sia quella in grado di offrire al paziente un approccio terapeutico personalizzato, che risponda ai suoi bioritmi naturali».

Aconitum accede anche a finanziamenti nazionali ed europei; all'attivo ha 30 progetti di collaborazione con l'Unione Europea di cui 5 in corso per la ricerca su prodotti e tecnologie innovativi per la salute. L'approccio dell'azienda alla biomedicina è integrativo, nel senso di partire dalla tradizione e dalle conoscenze consolidate per affiancare la parte più tecnologica. Rima spiega così la sua visione. «La natura e la tecnologia si integrano per offrire ai pazienti medicamenti più blandi, che aiutano il corpo ad attivare i meccanismi di guarigione naturale, con minori effetti collaterali. L'obiettivo è quello di collegare la tradizione erboristica con la parte più tecnologica, lasciando da parte invece l'ambito sintetico. Ci sono diversi vantaggi nell'uso di sostanze biologiche e il mondo delle piante riserva così tante sorprese! Si può scoprire ancora molto e oggi si può farlo utilizzando la tecnologia a disposizione».

Alcuni dati

Fondata:
-
1999

Dimensioni:
-
circa 100 dipendenti

DURANTE IL COVID-19

Oggi, ai tempi del COVID-19, l'azienda sta ricercando e sviluppando dei dispositivi di protezione individuale che, grazie all'impiego di materiali naturali, combinano alla protezione meccanica le proprietà antivirali possedute dalle piante. Vengono utilizzate le piante anche per sviluppare guanti traspiranti, che, a differenza del guanto monouso in gomma, rispettano la condizione naturale della pelle.

I FIGLI IN AZIENDA

«Per me, come donna, amministratrice delegata e fondatrice, l'azienda è stato il terzo figlio, nato a distanza di solo un anno dal più piccolo. La famiglia e i figli spesso vengono visti come un ostacolo o un'alternativa alla carriera. Io vorrei proporre una visione e un'esperienza di vita diverse. Il fatto che mia figlia sieda qui di fianco per me significa che è possibile integrare i due aspetti e che ho fatto la scelta giusta».

RIMA BALANAŠKIENĖ

«A sei anni sapevo già cosa volevo: sarei diventata un medico, anche se all'epoca nessuno in famiglia lavorava in quell'ambito. Quando lo dicevo in giro, mia madre si imbarazzava; temeva la reazione delle persone e che le mie parole fossero interpretate come il frutto di una sua ambizione».

Rima è una studentessa brillante e, come da tradizione lituana per i migliori alunni, a conclusione degli studi le viene conferita la medaglia d'oro. Si iscrive quindi a medicina al Kaunas Medical Institute, specializzandosi in oftalmologia pediatrica.

La vita, tuttavia, le indica un altro percorso e nel 1992, quando Rima sta concludendo la specializzazione, le viene offerto un lavoro come presentatrice di un programma televisivo che si occupa di salute. Dovendo scegliere tra una professione in ambito medico e il giornalismo televisivo, Rima privilegia il secondo, diventando conduttrice e poi produttrice del programma. «Quando ho cominciato a lavorare in televisione» racconta «sono entrata in contatto con le aziende del settore farmaceutico. Era già un settore che mi interessava, ma così ho avuto l'occasione di andare più in profondità; ho scelto di entrarci e guardarlo dall'interno». Nel 1996 Rima inizia a lavorare nella distribuzione farmaceutica. Durante la sua carriera non svolge mai la professione medica, eppure la sua formazione e l'attenzione per il mondo

> *Quando ho cominciato a lavorare in televisione sono entrata in contatto con le aziende del settore farmaceutico. Era già un settore che mi interessava, ma così ho avuto l'occasione di andare più in profondità; ho scelto di entrarci e guardarlo dall'interno.*

della malattia e della salute sono le fondamenta sulle quali edifica il suo percorso. Rima racconta così la sua esperienza. «L'impresa non è solo una fonte di reddito. È una missione di vita. Se entriamo in un mercato e lavoriamo a un prodotto, lo facciamo per servire le persone. È naturale che ci debba essere un ritorno personale e la possibilità di far vivere bene la propria famiglia, ma è

> *È naturale che ci debba essere un ritorno personale e la possibilità di far vivere bene la propria famiglia, ma è un bene che si estende anche alle famiglie dei dipendenti e in senso più lato alla comunità.*

un bene che si estende anche alle famiglie dei dipendenti e in senso più lato alla comunità».

L'inglese di Rima non è abbastanza fluido e l'intervista viene mediata da sua figlia Vytautė, che fa avanti e indietro dal lituano all'inglese cercando di trasferire, con equilibrio e precisione, le parole della madre. Approfitto della sua presenza per chiedere a Vytautė come viva il ruolo di erede nell'azienda di famiglia. Forse gliel'hanno già chiesto in molti e infatti la risposta arriva senza esitazione, contraddistinta dalla sobrietà e dal garbo che sono parte integrante della sua persona. «Credo ci siano due facce della medaglia. Da una parte mi sento profondamente ispirata dall'esempio di mia madre e per questo, proprio a causa della mia esperienza personale, non riesco a identificarmi con tutte le donne che cercano legittimazione o supporto, perché è la realtà in cui sono cresciuta e allora mi rendo conto di trovarmi in una posizione privilegiata. Dall'altra, la mia sfida è quella di non cadere nell'autoindulgenza e nella tentazione di scegliere la strada facile seguendo le orme di mia madre. Sento di dover prendere le decisioni migliori, per creare la mia strada a partire dalle opportunità che mi sono state offerte».

Rima interviene sul punto: «so che è molto difficile per mia figlia e che mi aspetto da lei più di quanto non faccia con le altre persone. Perché voglio che lei diventi forte. Perché negli affari una donna deve essere forte, e così nella vita. Penso che Vytautė riesca ad affrontare bene le sfide che ha davanti e apprezzo molto che lei oggi sia qui, pur avendo due figli piccoli a casa, e cerchi di dedicare alla famiglia il tempo necessario senza però smettere di contribuire all'azienda».

Rima ama fare divulgazione scientifica; lavora da 27 anni in televisione e ora anche in radio. Per lei rimane un hobby che corre in parallelo alle altre attività e che svolge 'per il cuore e per l'anima'. Oggi, oltre a questo Rima fa da mentore a giovani donne, professionisti e studenti, incoraggiandoli a lanciarsi nell'avventura senza paura e sfruttando la propria diversità. «Ho sempre sentito il bisogno di condividere la mia esperienza e conoscenza con la società. Credo dipenda da quello che è il cuore della natura femminile: curare, aiutare, migliorare. Ci sono vantaggi propri delle donne rispetto agli uomini per quanto riguarda il business e derivano dal fatto che nella storia le donne sono dovute rimanere a casa mentre gli uomini uscivano, nel paleolitico per cacciare, poi per lavorare. Questo secondo me ha aiutato le donne a sviluppare un forte intuito, riflessività e cura. Una cosa che mi sento di dire è che qualsiasi cosa deciderai di fare, deve essere per te un atto d'amore, perché se ami ciò che fai dal profondo del tuo cuore, ne seguirà il successo».

Nominata per il CPHI Award, il premio mondiale per i migliori CEO in ambito farmaceutico, presidentessa dell'Associazione Farmacisti Nazionale, consulente del Ministero della Salute, nel 2018 Rima è anche una delle finaliste dell'EU Prize for Women Innovators. Si reca a Bruxelles con il figlio piccolo e assieme provano il discorso in inglese che la madre dovrà pronunciare di fronte alla giuria. «Conoscendo poco la lingua, ho accettato la sfida! Così ho conosciuto donne che, come me, hanno una visione forte e chiara, sono appassionate di ciò che fanno e credono nel valore dei propri prodotti. Chi fa impresa impara necessariamente a superare la paura di assumersi rischi e correre l'avventura, perché la vita ti insegna che molte cose sono impossibili solo finché non osi. D'altro canto si diventa anche consapevoli del fatto che a un maggior successo corrisponde un prolificare di falsi amici e dichiarati nemici. La formula vincente per me, di fronte al bello e al cattivo tempo, è sempre stata: *darbas, darbas, darbas!* – in italiano 'lavora, lavora, lavora!'»

ALICIA
ASÍN PEREZ

LIBELIUM

DICE DI SÉ

«Volevo essere padrona del mio destino. Dirigere un'azienda è stato il mio modo di realizzarlo».

COSA LA MOTIVA OGNI GIORNO

«Lavorare all'edificazione di un mondo più connesso, sostenibile, democratico».

DA DOVE NASCE L'IDEA

Nel 2006 Alicia Asín Perez è un ingegnere informatico che sta completando la tesi magistrale al Politecnico di Saragozza. Tutti parlano di mettere in rete i sensori wireless ma l'IoT, acronimo inglese di 'internet delle cose', è ancora un territorio piuttosto inesplorato. Come racconta Alicia: «molte startup in quel periodo cercavano di costruire dei social network, mentre Facebook non era ancora diventato lo standard *de facto*. Per me, invece, era importante avere un impatto più ampio».

David Gascón, un compagno di università di Alicia, sta completando la sua tesi magistrale su un argomento confinante e intravede il grande potenziale del settore, immaginando un mondo in cui ogni cosa sia connessa. L'IoT, tra l'altro, è allineato con gli obiettivi di sviluppo sostenibile e per Alicia si presenta l'occasione di fare 'qualcosa che conta'. Così i due decidono di lanciarsi in questa avventura. Nasce Libelium.

Molte startup in quel periodo cercavano di costruire dei social network, mentre Facebook non era ancora diventato lo standard de facto.

Per me, invece, era importante avere un impatto più ampio.

TECNOLOGIA TRASPARENTE AL SERVIZIO DELLA DEMOCRAZIA

A differenza della tecnologia che usiamo ogni giorno, e che è nelle nostre case, Libelium non colleziona dati personali, né lo fanno i suoi clienti. Come spiega Alicia: «mettiamo sempre al centro dell'attenzione il fatto che i dispositivi vengano utilizzati per risparmiare acqua o produrre più cibo o ridurre l'inquinamento. Quando abbiamo lanciato il prodotto, la missione dell'azienda era quella di creare sensori che potessero connettere il mondo fisico con quello digitale. Per questo ci consideriamo strutturalmente diversi rispetto alle aziende che collezionano dati per migliorare il proprio marketing e aumentare le vendite».

Quando abbiamo lanciato il prodotto, la missione dell'azienda era quella di creare sensori che potessero connettere il mondo fisico con quello digitale.
Per questo ci consideriamo strutturalmente diversi rispetto alle aziende che collezionano dati per migliorare il proprio marketing e aumentare le vendite.

Lavorando nel settore B2B e industriale, la sicurezza diventa una problema più pressante della privacy. «Se ad esempio in una fabbrica ci sono dei sensori che possono disattivare processi critici e quei sensori vengono compromessi, viene messo a rischio l'intero impianto. Queste sono le problematiche che ci troviamo ad affrontare quotidianamente. Per quanto riguarda la privacy, invece, credo che come privati dovremmo fare pressione ai governi per regolare meglio i modi in cui accettiamo di cedere i nostri dati alle aziende. Ci dovrebbe essere più trasparenza nel momento in cui premiamo 'accetta tutto'. Infatti, quell'accetta tutto, per chi sta utilizzando una tecnologia, di solito significa 'non voglio perdere tempo, fammi andare avanti'. Anche se le persone non leggono, questa è comunque una materia che a loro interessa e ciò lo

COME SI PUÒ **PORTARE** UNA MAGGIORE **TRASPARENZA** AI **CONSUMATORI**?

dimostra la discussione sulle *tracking app* in Europa per il COVID-19. Anche a Singapore, dove il tasso di adozione della tecnologia è uno dei più alti del pianeta, non si è riusciti a raggiungere il livello critico del 60% di penetrazione, che sarebbe stato necessario per rendere utile l'applicazione. In Spagna, poi, si ha uno dei livelli più bassi di adozione. Anche se un cittadino può disinteressarsi ai *cookies*

Ci dovrebbe essere più trasparenza nel momento in cui premiamo 'accetta tutto'.

Infatti, quell'accetta tutto, per chi sta utilizzando una tecnologia, di solito significa 'non voglio perdere tempo, fammi andare avanti'.

quando naviga su internet o usare con disinvoltura uno strumento collegato alla rete wifi, di solito è contrario al fatto di essere trac-

ciato».

Alicia è parte del Global IoT Council, un forum internazionale per agevolare la quarta rivoluzione industriale. All'interno di gruppi di lavoro dedicati, ci si confronta proprio con queste problematiche. «Una domanda, ad esempio, è: 'come si può portare una maggiore trasparenza ai consumatori?' Ci si potrebbe ispirare alle etichette presenti sul cibo per offrire un maggior livello di informazione al fruitore di un applicativo. Si potrebbe far comparire, invece delle pagine legali che nessuno legge, delle semplici icone o etichette circa i dati che l'utilizzatore sta cedendo: voce, video, data. Che fine fanno questi dati? Vengono processati sul telefono o inviati a un *server* esterno? Vengono conservati oppure si cancellano dopo averli trattati? Possono essere venduti a terze parti oppure no? Gli utenti oggi cooperano spontaneamente con le aziende, ma la domanda non è se questo sia legale o meno, quanto se le persone capiscano cosa stanno facendo o no. Di recente è uscito il film sui social network *The Social Dilemma*. Pur ritenendolo un film molto distopico e sensazionalista, è innegabile il fatto che abbia creato maggiore preoccupazione sull'argomento. Tutti usano le app e devono essere messi in condizione di scegliere consapevolmente, capendo i pro e i contro di ogni decisione».

L'informazione, per essere rilevante in ambito politico e decisionale, può trarre grande forza dall'utilizzo di meccanismi per la quantificazione. Alicia parla spesso di 'datocrazia' e di come i dati possano favorire la democratizzazione perché, riducendo l'ambito di vaghezza, condizionano la qualità delle decisioni politiche. «La possibilità di misurare prima e dopo l'implementazione di una soluzione e la disponibilità di queste informazioni per il pubblico fanno sì che i cittadini possano valutare meglio i politici in una città. È evidente il bisogno di sviluppare una cultura di comprensione dei dati. Con il COVID-19, tutti parlano di tassi di infettività, paragoni, numeri e il modo di dare le informazioni, sottolineando questo o quell'indicatore, a volte crea solamente una maggiore confusione in chi ascolta. Per non parlare dei grafici, che a loro volta possono distorcere il dato falsandone l'interpretazione. Tuttavia, un risvolto positivo della pandemia è proprio quello di aver reso le persone più sensibili e competenti rispetto ai dati numerici».

La possibilità di misurare prima e dopo l'implementazione di una soluzione e la disponibilità di queste informazioni per il pubblico fanno sì che i cittadini possano valutare meglio i politici in una città.

LIBELIUM

Per un mondo connesso

Missione:

-

Condurre la rivoluzione dell'IoT.

Fondata nel 2006 con sede a Saragozza, nel nord-est della Spagna, Libelium esporta tecnologia in 120 Paesi nel mondo, sviluppando progetti per monitorare e migliorare l'efficienza in ambiti tra loro eterogenei, dall'agricoltura all'*e-health*, dalla gestione della qualità dell'acqua fino al collezionare dati climatici nella tomba di Tutankhamon.

Libelium è il nome latino per le libellule, le quali, come molti insetti, sciamano. «I protocolli di comunicazione inizialmente lavorano allo stesso modo degli insetti: ricevi un messaggio e lo trasmetti da una parte della rete all'altra. Per questo motivo abbiamo pensato che il nome dovesse essere quello di un insetto».

Con un focus sull'utilizzo della tecnologia digitale per scopi ambientali e di sostenibilità, la sfida all'adozione è più culturale che non tecnologica. «Connettiamo ogni tipo di sensore utilizzando qualsiasi protocollo di comunicazione verso ogni sistema informativo, sia *in situ* che su cloud».

La tecnologia di Libelium viene utilizzata per creare sistemi intelligenti di monitoraggio. Nella produzione di vegetali in Italia, ad esempio, i sensori permettono di tenere sotto controllo la temperatura, l'umidità, la pressione e la luminosità; i coltivatori possono usare meglio pesticidi e fertilizzanti ottenendo così un raccolto più sano e risparmi significativi. I viticoltori spagnoli, invece, stanno sviluppando una nuova tecnologia IoT per affrontare il cambiamento climatico. L'uva è particolarmente sensibile a temperatura, pioggia, luce e vento, per cui conoscere questi aspetti in anticipo può aiutare gli enologi a calibrare i diversi parametri che determinano il carattere e la qualità di un vino.

Dalla raccolta dati alla loro analisi, la transizione avviene in modo naturale. Ad esempio, il nuovo prodotto di Libelium per il monitoraggio della qualità dell'aria integra degli algoritmi di intelligenza artificiale volti a migliorare la performance dei sensori. I dispositivi saranno quindi in grado di gestire dati più ricchi. Guardando al mercato della qualità dell'aria, i player oggi sono le stazioni meteorologiche, la cui strumentazione per la rilevazione di dati costa tra i 200.000 e i 1 milione di euro, e il mercato economico dei sensori, che costano circa 10.000-15.000 euro. A una tale differenza di prezzo corrispondono anche qualità di dati molto differenti. Libelium analizza le informazioni ricevute dai sensori e le combina con altri dati, come la temperatura o l'umidità, correggendo i numeri rilevati secondo delle predizioni combinate, o meglio arricchite, dagli algoritmi dell'intelligenza artificiale.

Oggi l'IoT è un mercato più maturo e Alicia punta ad espandere l'azienda integrando attività complementari. «Se dovessi scegliere una sola parola per descrivere il mercato oggi, direi 'frammentato'. Da un punto di vista tecnologico, ci sono diversi protocolli di comunicazione e diversi sensori; è un mercato spinto dalle opportunità nascenti, il che lo rende segmentato sia da un punto di vista geografico che verticale. Mancano ruoli definiti, con le aziende di telecomunicazioni che si propongono come integratori dei vari sistemi, generando ancora più confusione. Penso

Alcuni dati

Fondata:
-
2006

Finanziamenti:
-
€4,5Mln

IN TEMPO DI COVID

Durante la pandemia di COVID-19, Libelium ha sviluppato un dispositivo per monitorare la temperatura. A sorpresa, i dati di vendita sono stati migliori negli Stati Uniti rispetto all'Europa. «La differenza che vedo, senza pretesa di oggettività, è che negli Stati Uniti ci sono la testardaggine di non volersi fermare durante la pandemia, maggiore attivismo e reattività, mentre in Europa regna la rassegnazione. La conversazione con i clienti nei due continenti quest'anno è stata sicuramente molto diversa e, se le aziende americane chiedevano dal primo giorno cosa si dovesse fare per riaprire, in Europa c'è stato e c'è tutt'ora un clima di attesa».

TECH CEO

Per Alicia la tecnologia è un potente strumento di emancipazione sociale. «La competenza tecnologica non è opzionale, perché è una questione di rilevanza e potere nel futuro. Solo in presenza di questa base condivisa possiamo parlare dell'importanza di profili misti, in grado di capire sia i lati tecnici che quelli più squisitamente umani. Chi sviluppa una visione olistica ha un vantaggio competitivo ma, senza un background tecnologico, tutte le donne saranno escluse».

che nei prossimi 18 mesi vedremo un consolidamento del mercato e l'evoluzione verso progetti più massicci e scalabili». Il cuore dell'attività di Libelium è la vendita dell'hardware, cioè i sensori. Ultimamente tuttavia l'offerta si sta ampliando per rispondere alla necessità dei clienti di avere un unico punto di contatto rispetto all'ecosistema di servizi IoT. A 15 anni di distanza dalla fondazione, Libelium prospera e si avvia a diventare non solo un produttore di sensori ma anche un *service provider* in grado di studiare soluzioni personalizzate per i clienti finali.

ALICIA ASÍN PEREZ

Alicia Asín Perez è un ingegnere informatico che si concentra su come l'IoT possa cambiare il mondo. Fin da piccola incerta tra ingegneria informatica e delle telecomunicazioni, secondo lei: «prima di scegliere una facoltà, bisogna anche calarsi nella professione a cui questa conduce. Ci sono molte persone che si iscrivono a veterinaria perché amano gli animali e poi si ritrovano ad assistere la soppressione di molti animali da allevamento, finendo per vivere una quotidianità molto distante dalle ragioni

per cui si è scelto un percorso».
Alicia si iscrive a ingegneria perché ama risolvere problemi. Lì incontra David Gascón e i due, giunti alla fine della magistrale, decidono di fondare Libelium. «All'epoca è stata una decisione impavida ma consapevole. Eravamo giovani e questo è stato un vantaggio. Quando si va avanti con gli anni, il bagaglio diventa innegabilmente più pesante perché ad esempio c'è un mutuo, o dei figli, delle spese fisse mensili. Tutte queste cose si sommano nella decisione e il costo di un'opportunità cambia. All'epoca eravamo ingenui nel non capire esattamente quale sarebbe stato il livello di impegno richiesto.

Ci sono molte persone che si iscrivono a veterinaria perché amano gli animali e poi si ritrovano ad assistere la soppressione di molti animali da allevamento, finendo per vivere una quotidianità molto distante dalle ragioni per cui si è scelto un percorso.

Alcune persone ritengono sia meglio avere più esperienza e un network più consolidato per avviare la propria impresa. Secondo me, tuttavia, l'esperienza ti rende anche così consapevole di tutte le cose che devi fare da rischiare di sentirti sopraffatto. Se invece si va e si scoprono gli ostacoli uno alla volta, è più facile decidersi a cominciare!»

La storia di Alicia e quella dell'azienda sono strettamente collegate. Parla spesso alle conferenze internazionali su tematiche relative alle Smart Cities, alla democrazia dell'IoT basata sui big data e all'importanza della sicurezza e della privacy nell'era dell'IoT. Parla anche alle donne, e delle donne, per costruire un mondo con opportunità equamente distribuite tra tutti. «Non possiamo permetterci, come società, di tenere le donne fuori dall'ambito scientifico. È un fatto che non si riescano a coprire alcune posizioni lavorative per mancanza di candidati e se vogliamo raggiungere gli obiettivi di adozione e sviluppo della tecnologia, dobbiamo colmare un divario tra uomini e donne pari a quattro milioni e mezzo di programmatori solo in Europa. Semplicemente, non ci possiamo permettere di perdere il 50% della popolazione come potenziali candidati per una qualsiasi posizione lavorativa e, come donne, penso

che spesso possiamo non essere del tutto consapevoli di ciò che significhi una carriera scientifica o nell'ingegneria. Se dicessi che non mi serve imparare l'inglese perché vivo in Spagna, tutti mi guarderebbero come una matta. Viviamo infatti una dimensione globale e connessa e posso avere clienti all'estero, per cui sarebbe semplicemente stupido pensare di non avere bisogno dell'inglese. Lo stesso avviene con la tecnologia, che sta diventando un linguaggio globale. Anche se sono un avvocato, ho bisogno di capire la tecnologia perché sempre più spesso dovrò affrontare questioni regolatorie, di sicurezza

Semplicemente, non ci possiamo permettere di perdere il 50% della popolazione come potenziali candidati per una qualsiasi posizione lavorativa e, come donne, penso che spesso possiamo non essere del tutto consapevoli di ciò che significhi una carriera scientifica o nell'ingegneria.

o dati complessi. Lo stesso per gli psicologi: molti programmi di intelligenza artificiale vengono utilizzati per valutare la probabilità di utilizzo di un applicativo o per il tracciamento sociale. Anche se ambisci a diventare il CEO di un'azienda, hai ormai bisogno di avere una formazione tecnologica molto forte. Se le donne si escludono automaticamente da questo tipo di carriere, si escludono dalle posizioni che verranno pagate meglio e che saranno più importanti all'interno delle loro organizzazioni».

Nel quotidiano, la sua attenzione non è tanto nel dettaglio, quanto nella capacità di sviluppare una visione globale della problematica. «Tendo a concentrarmi ad esempio su come l'impiego di tempo in un'area influisca sul raggiungimento degli obiettivi aziendali di medio e lungo termine. Forse ho sempre avuto un CEO dentro di me e Libelium è stata l'occasione per farlo emergere. Volevo essere padrona del mio destino. Dirigere un'azienda è stato il mio modo di realizzarlo. Un mattino posso uscire per una passeggiata perché non c'è nessuna urgenza e talvolta devo essere disponibile a mezzogiorno o a mezzanotte perché parlo con un cliente in Australia. Per me questa è libertà, mentre per qualcun altro la libertà è sapere esattamente quando comincia l'orario di lavoro e quando finisce. Per qualcuno libertà è nell'avere certezze, per me nell'avere flessibilità, non solo nell'agenda, ma anche nella scelta dei progetti su cui lavoro».

REBECCA
SAIVE

ETC SOLAR

DICE DI SÉ

«Nella mia vita mi sono sempre mossa per curiosità, senza badare a quale fosse il lavoro più remunerativo in termini economici, ma semplicemente guardando a quella che ritenevo essere la cosa più interessante».

COSA LA MOTIVA OGNI GIORNO

«Per me la cosa importante è dare alla luce le nuove idee che genero nel laboratorio».

DA DOVE NASCE L'IDEA

Rebecca Saive è una fisica applicata che sta completando il dottorato presso l'Università di Heidelberg, in Germania,

LEI PERÒ NON DEMORDE E, CON UN **OBIETTIVO** CHIARO IN TESTA, SI RIVOLGE AL SUO ADVISOR DI HEIDELBERG FACENDOSI METTERE IN **CONTATTO** CON LA SFUGGENTE **SCIENZIATO**.

quando decide di contattare il professor Harry Atwater, del California Institute of Technology (altrimenti noto come Caltech). Atwater è un accademico rinomato e uno dei massimi esperti mondiali in ambito fotovoltaico. La mail inviata da Rebecca tuttavia non ottiene risposta e anche le telefonate non vengono trasmesse. Lei però non demorde e, con un obiettivo chiaro in testa, si rivolge al suo advisor di Heidelberg facendosi mettere in contatto con lo sfuggente scienziato. Atwater è spesso in giro per il mondo e Rebecca vola in Giappone a una sua conferenza, riuscendo finalmente a conoscerlo di persona.

Poco tempo dopo Atwater la richiama. Ha letto il suo curriculum e le suggerisce di andare in California. Rebecca è emozionata, per lei è un sogno che si realizza, il premio per la sua insistenza. Così vola fino alla Caltech, sostiene il colloquio e, il giorno dopo, sul tavolo della segretaria di Atwater c'è il contratto da firmare per il *post-doc*. Anche se questo ha per oggetto lo studio in un ambito differente, lei insiste sui suoi obiettivi di ricerca, rendendo chiaro fin da subito che lei intende lavorare alle strategie di efficientamento dei pannelli fotovoltaici.

Per Rebecca è l'inizio di un periodo professionale intenso e della strada che la porterà fino a ETC Solar.

LA TECNOLOGIA DEI PANNELLI SOLARI

Il sole è una potente e (quasi) inesauribile fonte di energia rinnovabile. Oggetto di studio fin dall'antichità, le tecniche di concentrazione e sfruttamento dei raggi solari risalgono addirittura al terzo secolo avanti Cristo. Le più famose sono gli specchi ustori, in grado di concentrare i raggi solari in un punto solo, le serre vetrate d'epoca romana e, in epoca più recente, la fornace solare, inventata da Antoine Lavoisier, in grado di fondere il platino.

I primi studi specifici sugli effetti fotovoltaici si devono invece ad Antoine Becquerel e risalgono alla prima metà dell'Ottocento. Le sue ricerche vengono poi portate avanti da Fritz, Einstein e Sharp, che negli anni Sessanta produce i primi moduli fotovoltaici commerciali.

La tecnologia per la conversione della luce in elettricità, oggi alla base degli impianti

Un pannello fotovoltaico è composto da un numero variabile di celle fotovoltaiche, che sono dei dispositivi elettrici in grado di convertire l'energia derivante dalla radiazione solare direttamente in elettricità. La maggior parte dei pannelli sul mercato sono fabbricati in silicio con un elevato grado di purezza e le celle sono solcate in superficie da una griglia di materiale conduttore che permette il flusso di elettroni. I metalli formano quindi un circuito e i fotoni solari interagiscono con gli elettroni presenti negli atomi di silicio, generando un flusso elettrico di corrente continua che scorre lungo il circuito, mentre un *inverter* trasforma la corrente continua in alternata.

fotovoltaici e dei pannelli solari, è un ambito di ricerca in costante evoluzione.

La diffusione del fotovoltaico passa attraverso la ricerca tecnologica per aumentare l'efficienza degli impianti. Nella maggior parte dei pannelli si vedono delle linee (i filamenti metallici) che solcano delle piastrelle scure (la cella in silicio). La resa di un pannello dipende sia dal tipo di pannello che dalle singole celle. Il pannello monocristallino, grazie all'elevata purezza del silicio, garantisce al momento le prestazioni migliori, mentre il pannello policristallino e quello al film sottile sono più economici da produrre e potenzialmente più versatili nella loro applicazione.

Il cuore della tecnologia è proprio nelle celle fotovoltaiche, attraverso le quali avviene materialmente la raccolta dell'energia. Per questo motivo gran parte della ricerca per arrivare ad una migliore efficienza passa proprio dalle nuove tecnologie applicate a questi moduli.

ETC SOLAR

Con un raggio di sole

Missione:
-
Prevenire la riflessione dei raggi solari causata dalle componenti metalliche dei pannelli solari.

ETC è l'acronimo di Effectively Transparent Contacts.

Il problema centrale nella definizione di tecnologie per la produzione di pannelli solari è nella necessità di bilanciare l'assorbimento da parte della superficie del pannello e la conversione in energia elettrica. Un raggio di sole viene assorbito quando incontra la superficie della componente in silicio, mentre viene riflesso se colpisce i filamenti metallici. L'argento quindi, riflettendo i raggi solari, disperde una parte dell'energia solare nel fronte di contatto.

Quando un raggio viene riflesso, questa tecnologia lo orienta verso la superficie del pannello in modo da evitarne così la dispersione.

ETC Solar viene fondata nel 2017 con l'appoggio della Caltech, che è ora azionista e proprietaria di diversi brevetti sviluppati dal team. L'azienda migliora l'efficienza dei pannelli solari evitando la riflessione dei raggi solari dovuta alla superficie metallica. Rebecca infatti sviluppa superfici di contatto a forma triangolare, dei filamenti argentei con una base di 5-10 micrometri e una forma particolarmente appuntita che risolvono il problema del bilanciamento tra la luce in entrata con quella convertita. Quando un raggio viene riflesso, questa tecnologia lo orienta verso la superficie del pannello in modo da evitarne così la dispersione.

Lo studio di questa particolare forma non è nuovo, ma ETC Solar è la prima azienda che riesce a sviluppare una tecnologia per la produzione di massa di energia solare. Le microstrutture, estremamente sottili e alte, sono molto difficili da realizzare perché è fondamentale che esse siano lisce e specchianti.

Alcuni dati

L'azienda è ora pienamente operativa e i suoi clienti sono i produttori di pannelli solari che applicano questa struttura alle preesistenti superfici dei pannelli per migliorarne la resa energetica. Il prossimo passo è l'espansione verso nuovi mercati.

Fondata:

-

2017

Finanziamenti:

-

€3,5Mln

RICERCHE A CONFRONTO

Rebecca ha il privilegio di lavorare in alcuni dei più avanzati Paesi sotto il profilo della ricerca scientifica. Le diversità che nota tra questi sono soprattutto nell'assunzione di rischi. «Negli Stati Uniti c'è sicuramente una maggiore propensione al rischio. C'è una concezione diffusa per cui si associa alle idee molto innovative, e alle volte anche un po' pazze, la possibilità di produrre delle scoperte davvero dirompenti. La qualità del finanziamento in Germania e Olanda è invece molto più conservativa. Credo sia questa la differenza principale tra il sistema europeo e quello americano: la disponibilità a osare. Devo dire comunque che sia lì che qui i finanziamenti non mancano anche se, dal mio punto di vista, non c'è mai abbastanza denaro nell'ambito della ricerca».

IL POTERE DELLA RAPPRESENTAZIONE

«Gli svantaggi possono diventare vantaggi, generando programmi e azioni rivolti alle donne. Mi rendo conto che c'è bisogno di punti di riferimento e che tante persone non considerano abbastanza le donne in ambito scientifico. C'è ancora molto da fare a questo riguardo. Per migliorare la situazione non credo che la direzione sia quella di fare di più, ma forse di farlo meglio. Mi piace molto, ad esempio, l'idea che ci debba essere una migliore rappresentazione nei media. Io sto seguendo Emily Calandrelli, l'ingegnere del MIT che conduce 'Emily's Wonder Lab', un programma di divulgazione scientifica per bambini prodotto da Netflix. Emily presenta il programma con il pancione, visibilmente incinta. Questo mi piace moltissimo perché legittima aspetti del femminile che di solito vengono messi in ombra. Penso sempre di più oramai che la rappresentazione nei media e nei programmi di massa sia importantissima per dare alle bambine e ai bambini una lettura nuova del concetto di uguaglianza».

REBECCA SAIVE

La prima di tre figli, Rebecca cresce in Germania da padre tedesco e madre iraniana. È una bambina energetica e in casa respira fin da piccola l'amore per lo studio delle materie scientifiche. I genitori, infatti, sono entrambi chimici, vanno e vengono dal laboratorio, e per lei la scienza diventa fin da subito parte integrante della sua vita. Ricorda ancora, con una certa soddisfazione, quando sulla sua prima pagella l'insegnante annota che 'Rebecca ha molte informazioni scientifiche acquisite al di fuori del

> *Da un lato sono semplicemente interessata alla scienza e a risolvere i puzzle, che per darmi davvero piena soddisfazione devono anche essere utili per la società, come avviene per i pannelli solari.*

> *Mi piace fare da mentore e da insegnante perché, formando nuovi ricercatori nell'ambito che conosco, il mio impatto si moltiplica. Quando si scopre qualcosa, si genera nuova energia.*

contesto scolastico'.

L'altra sua passione sono i cavalli, anche se non pratica mai a livello agonistico. L'equitazione e il laboratorio, questa è l'adolescenza di Rebecca. Quando le chiedo a che età inizia a guardare al mondo accademico la sua risposta è senza esitazione: da sempre vuole diventare insegnante di fisica e continuare a studiare. È un'intenzione che compare spesso nei suoi temi. «Il motivo per cui da sempre ho immaginato di trascorrere la vita in ambito accademico è duplice. Da un lato sono semplicemente interessata alla scienza e a risolvere i puzzle, che per darmi davvero piena soddisfazione devono anche essere utili per la società, come avviene per i pannelli solari. D'altra parte, poi, mi piace fare da mentore e da insegnante perché, formando nuovi ricercatori nell'ambito che conosco, il mio impatto si moltiplica. Quando si scopre qualcosa, si genera nuova energia».

Rebecca studia a Mainz, poi alla Technische Universität di Monaco e in seguito ottiene il dottorato ad Heidelberg. Tra il 2014 e il 2018 lavora nel gruppo di Atwater per sviluppare strategie di gestione della luce negli impianti fotovoltaici. Avvia così lo studio che la porta a fondare ETC Solar. Dalla Germania all'Olanda, il trasferimento è dettato dal desiderio di cogliere un'occasione lavorativa in un ambito molto competitivo come quello accademico. L'Università di Twente dispone di laboratori con un'attrezzatura all'avanguardia e lì si apre una posizione come *assistant professor*. La carriera si interseca con la vita privata e Rebecca, che è sposata con un americano, intanto fa avanti e indietro. Oggi, oltre a impegnarsi per la crescita dell'azienda, Rebecca è assistente professore di fisica applicata e nano-ottica all'Università di Twente, nei Paesi Bassi, mentre è *visiting associate* in fisica applicata e scienze dei materiali presso la Caltech. La sua ricerca si focalizza sulla conversione dell'energia solare, la nanofisica e l'interazione

> *Il mio obiettivo principale per quanto riguarda la carriera è ancora quello di avanzare come docente. Poi forse potrò fondare un'altra startup per portare nuova tecnologia sul mercato, ma sarà solo una conseguenza delle mie scoperte.*

tra luce e materia, la modellizzazione ottica per il miglioramento della performance delle celle solari, le tecniche di misurazione e di fabbricazione in nanoscala.

Prima che un'imprenditrice, si sente un'accademica. «Il mio obiettivo principale per quanto riguarda la carriera», racconta, «è ancora quello di avanzare come docente. Poi forse potrò fondare un'altra startup per portare nuova tecnologia sul mercato, ma sarà solo una conseguenza delle mie scoperte, perché il focus principale per me è sempre stato e rimane la ricerca. Oggi sono felice di aver fondato ETC Solar, ma non mi vedo a lavorarci tutta la vita. L'azienda ha rappresentato lo strumento necessario per portare una scoperta sul mercato e creare un impatto reale. Per me la cosa più importante è dare alla luce le nuove idee che genero nel laboratorio. Per questo voglio concentrarmi sulle altre ricerche che ho in corso».

Tra cinque anni non sa dove si troverà. Potrebbe essere in Germania, in Olanda o negli Stati Uniti. «Nella mia vita mi sono sempre mossa per curiosità, senza badare a quale fosse il lavoro più remunerativo in termini economici, ma semplicemente guardando a quella che ritenevo essere la cosa più interessante. Quando voglio realizzare un'idea, faccio una lista dei passi da intraprendere, contattando le persone che hanno già raggiunto quei traguardi per vedere cosa stanno facendo e costruendo un possibile percorso. Per questo credo sia sempre importante avere un paragone reale, confrontarsi con chi si trova uno o due passi davanti a te in quello che vuoi realizzare. Certo bisogna partire da quello che ti interessa e per il quale sei appassionato».

Per Rebecca, solo la passione ti permette di raggiungere i tuoi traguardi e avere un impatto «e questo può avvenire in molti modi diversi: dalla ricerca all'insegnamento, al fare impresa. Io mi vedo come un'innovatrice che crea nuova tecnologia e riesce a portarla sul mercato, ma sono anche un'educatrice, formando le prossime generazioni di ricercatori. Sono tutti aspetti importanti della mia vita e non posso immaginare nessun altro lavoro che mi dia le stesse soddisfazioni di quello che sto attualmente facendo. Ho una grande dose di libertà, anche se ci sono molto stress e pressione soprattutto nella gestione del tempo. Ci si aspetta che un ricercatore faccia molte cose e, a differenza di quanto può avvenire in azienda, non c'è limite a quello che si può fare, non c'è una check-list da spuntare e al contrario ci sono moltissime opportunità, si possono avviare collaborazioni, estendere il perimetro di ricerca ancora e ancora. A volte mi sento travolta, però, anche in quei momenti, sento che il mio lavoro mi dà una gioia profonda».

CONCLUSIONI

Sono passati quasi cinque mesi dal giorno in cui ho registrato la prima intervista con Galit al momento in cui ho inviato il libro per la stampa. È stato un periodo molto intenso, caratterizzato dal continuo transitare tra l'inglese – lingua nella quale si sono svolte quasi tutte le conversazioni – e l'italiano. Mi sono affacciata su diverse culture, percorsi, età e argomenti non sempre semplici per me.

Nonostante la grande eterogeneità, mentre scrivevo il libro mi è sembrato che nel complesso le venti storie coniugassero diversità e comunanza, come se le tante strade percorse sottendessero un'etica e una visione condivise. Non credo che l'omogeneità di fondo, il ritornare spesso sul tema della sostenibilità ambientale ed economica o dell'uguaglianza di genere sia stato causa di appiattimento. Penso invece che ogni luogo e tempo lascino emergere dei valori e una direzione verso le quali la società si sta muovendo.

Nelle parole di queste imprenditrici leggo quindi un'aspirazione, che credo diventerà più evidente nei prossimi anni, verso un mondo più "giusto" e più "umano" o – come dicono meglio gli inglesi – *humane*.

Ringrazio chi fin qui ha letto e spero porti con sé, da qualche parte nel cuore, un pizzico in più di coraggio e fiducia; perché il mondo in cui viviamo è anche nostro e aspetta di sentire la nostra voce.

RINGRAZIAMENTI

Sono molte le persone che hanno partecipato a questo libro e altrettante mi hanno incoraggiata a proseguire, offrendo supporto e idee per arricchire il contenuto. In tanti hanno collaborato gratuitamente o quasi, talvolta per affetto, talaltra perché condividevano lo spirito del progetto. Spesso, mi piace pensare, per entrambi i motivi.

A ciascuna vorrei dedicare qualche parola. Il primo ringraziamento va alle venti innovatrici che hanno accettato di farsi intervistare, dimostrando sempre grandissima disponibilità e gentilezza, e a Josette Dijkhuizen che, pur non conoscendomi e nonostante i tempi ridotti, ha supportato il progetto scrivendo la prefazione.

Per l'edizione inglese ringrazio il mio amico Francesco per l'accurato lavoro di traduzione e per i preziosi consigli. Ringrazio con grande affetto Alan Ross, che con entusiasmo e generosità ha lavorato alacremente alla correzione delle bozze. Ricordo poi con gratitudine Andrea e Ruben per aver aiutato nella revisione dei testi e la preziosissima Naomi Lai, che ha perfezionato il libro con precisione e cura. Ringrazio Cristiano Sammarco per il progetto grafico, Juan Pablo Ramos Valadez per le foto in copertina, Waqas per l'impaginazione e l'infaticabile Chiara Poncato per la gestione del marketing.

Un grazie anche a Pedro Fonseca per aver messo a disposizione la sua esperienza nel mondo dell'editoria e per finire ai miei genitori, che mi hanno incoraggiata fin da subito e pazientemente hanno letto a una a una le interviste a caccia di refusi. Se ne trovate, quindi, è colpa loro! Se ho dimenticato qualcuno, invece, la colpa è mia!

Questo libro è il frutto di una collaborazione che intreccia la componente umana con quella lavorativa e a tutte queste persone, comparse lungo le varie fasi della preparazione, vorrei dire che vi considero parte di un'opera collettiva, animata dalle voci delle imprenditrici e dalle idee e competenze di chi ha lavorato per amplificarle.

GLOSSARIO

Acceleratore — ente finalizzato ad agevolare la crescita di startup. La permanenza all'interno di un acceleratore dura solitamente da 1 a 6 mesi e può includere consulenze strategiche, operative e organizzative per lo sviluppo dell'impresa.

AI — acronimo di 'Artificial Intelligence', sinonimo di *machine learning*, indica un software basato sull'utilizzo di algoritmi intelligenti, in grado cioè di migliorare automaticamente le proprie performance attraverso l'esperienza.

Anchor investor — è l'investitore trainante, votato a mantenere un impegno a lungo termine e in grado di favorire l'ingresso di nuovi investitori rafforzando la credibilità di un progetto imprenditoriale.

Angel investor o business angel — investitore privato che finanzia la startup partecipando al capitale di rischio. In genere è un manager, imprenditore oppure libero professionista. Si differenzia dal venture capitalist per il carattere maggiormente personale dell'investimento.

Back end — parte di un software che elabora i dati generati dal front end (vd. front end).

Biofactory — termine coniato da Narcís Berberana, ex CEO di Aguas Andinas (la più grande compagnia al mondo per servizi come l'erogazione dell'acqua potabile). Si riferisce alla trasformazione di installazioni industriali tradizionali in un'ottica di efficientamento, con l'obiettivo di minimizzare l'impatto ambientale.

Board — comitato o altro organo direttivo.

Break even — punto di pareggio in bilancio tra investimenti, spese correnti e ricavi. Rappresenta l'immaginaria linea di galleggiamento economica di un'impresa.

Buffer — soluzione tampone.

Co-development — letteralmente 'co-sviluppo'. Procedimento secondo il quale un prodotto viene sviluppato assieme al cliente secondo le sue specifiche necessità.

Expat — abbreviazione dell'inglese *expatriate*. Si usa per indicare chi si trasferisce all'estero per ragioni di lavoro.

Fem tech — definizione ombrello sotto la quale ricadono le tecnologie rivolte a soddisfare un bisogno tipicamente femminile (eg. un'app per monitorare il ciclo mestruale).

Front end — parte di un software che gestisce l'interazione con l'utente (eg. l'interfaccia).

Impact factor — criterio in base al quale le pubblicazioni presentate da un candidato sono valutate tenendo conto del prestigio della rivista che le ospita e del numero di citazioni che hanno ricevuto da parte di altri studiosi.

Incubatore — ente finalizzato ad agevolare l'avvio di startup innovative. Può offrire uno spazio fisico o servizi a supporto dell'azienda, organizza eventi e programmi di formazione e affiancamento, aiutando gli aspiranti imprenditori a compiere i primi passi per l'avvio dell'impresa.

Machine Learning — vedi AI.

Open source — software non protetto da copyright e liberamente modificabile dagli utenti.

Output — risultato, esito di un'attività.

Paper — pubblicazione scientifica, generalmente pubblicata su riviste di settore e rivolta alla comunità accademica.

Penetration testing — processo operativo di analisi o valutazione della sicurezza di un sistema informatico o di una rete.

Pop-up — finestra che si apre sullo schermo durante la navigazione in internet.

Proof of concept — traducibile come 'prova di fattibilità', si intende una realizzazione incompleta o abbozzata di un determinato progetto o metodo, allo scopo di provarne la fattibilità e dimostrare la fondatezza di alcuni principi o concetti costituenti. Un esempio tipico è quello di un prototipo.

Spin-off — impresa nata per scorporamento da un'altra, la quale mantiene tuttavia un ruolo fondamentale nei confronti della nuova impresa, esercitando su di essa una significativa influenza soprattutto in termini di competenze e attività svolte.

Social engineering — insieme di tecniche utilizzate per attirare gli utenti ad inviare dati riservati, con lo scopo di inviare malware o collegamenti a siti infetti.

Stakeholder — letteralmente 'detentore di interesse'.

STEM — acronimo inglese di Scienza, Tecnologia, Ingegneria e Matematica.

Time to market — tempo che intercorre dal momento dell'ideazione di un prodotto fino alla sua effettiva commercializzazione.

Trial — fase di sperimentazione di un procedimento terapeutico.

Venture Capitalist — investitore istituzionale che finanzia la startup partecipando al capitale di rischio. Il venture capitalist opera attraverso un fondo di investimento e offre supporto strategico all'impresa. Si differenzia dall'angel investor per il carattere maggiormente strutturato dell'investimento.

Win-win — espressione utilizzata per descrivere una situazione in cui entrambe le parti traggono un vantaggio.

CPSIA information can be obtained
at www.ICGtesting.com
Printed in the USA
BVHW022332250221
601131BV00009B/54

9 791220 080873